똑·딱·똑·딱 배우는
윈도우11

이 책의 구성

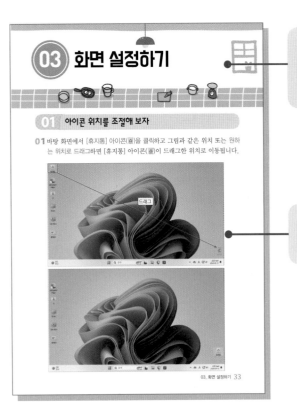

01 아이콘 위치를 조절해 보자

01 바탕 화면에서 [휴지통] 아이콘(🗑)을 클릭하고 그림과 같은 위치 또는 원하는 위치로 드래그하면 [휴지통] 아이콘(🗑)이 드래그한 위치로 이동됩니다.

마당 : 알아두어야 할 주요 기능을 선정하여 제시합니다. 쉽고 빠르게 익힐 수 있도록 필수 기능들만 뽑아서 구성하였습니다.

필수 내용 : 용어나 기능에 대한 기초적인 내용을 중심으로 쉽게 구성하였습니다.

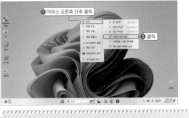

02 바탕 화면의 빈 곳에서 마우스 오른쪽 단추를 클릭합니다. 바로 가기 메뉴가 나타나면 [보기]-[아이콘 자동 정렬]을 클릭합니다.

잠깐만 체크가 표시된 메뉴는 클릭할 때마다 체크가 해제되거나 체크됩니다.

03 위치가 이동되었던 [휴지통] 아이콘(🗑)이 자동으로 정렬됩니다.

04 바탕 화면의 빈 곳에서 마우스 오른쪽 단추를 클릭합니다. 바로 가기 메뉴가 나타나면 [정렬 기준]-[크기]를 클릭합니다.

큰 글씨와 큰 그림 : 초보자들을 위해 눈이 '탁' 트이는 큰 글씨와 큰 그림으로 구성하였습니다.

핵심어 강조 : 중요한 핵심어를 강조함으로써 빠르게 파악할 수 있습니다.

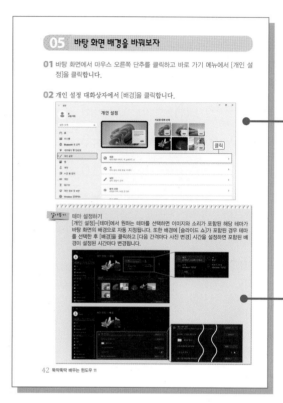

따라하기 : 단순히 이론만으로 설명하지 않고 따라하기 방식을 조합하여 쉽게 배울 수 있습니다.

알아두기 : 본문에서 다루지 못한 내용을 추가적으로 설명하였습니다.

활용마당 : 각 마당에서 배운 내용을 복습할 수 있도록 응용 문제를 제공합니다.

참고
마이크로소프트 엣지(Microsoft Edge)의 업데이트에 따라 일부 기능 또는 이미지 표현이 교재와 다를 수 있습니다.

목차(Contents)

01 컴퓨터 처음 만나보기

02 마우스와 키보드 사용하기

03 화면 설정하기

04 창 다루기

05 파일과 폴더 관리하기

01 컴퓨터 처음 만나보기

01 컴퓨터는 어떻게 구성되어 있을까

💬 컴퓨터의 기본 장치 알아보기

컴퓨터란 사용자가 원하는 업무를 처리하기 위해 입력, 출력, 제어, 기억, 연산 장치로 이루어진 복합적인 장치입니다. 다음은 컴퓨터를 사용하려면 꼭 필요한 필수 장치입니다.

❶ **본체** : 사람의 머리와 같은 역할을 하는 장치로 컴퓨터의 모든 동작을 실행 하고 관리합니다.

❷ **모니터** : 본체에서 동작하여 실행된 결과를 화면으로 보여주는 장치입니다.

❸ **키보드** : 컴퓨터 입력 장치의 하나로 특정 키를 눌러 동작을 지시하거나 글 자를 입력하여 문서를 작성하는 등의 역할을 합니다.

❹ **마우스** : 컴퓨터 입력 장치의 하나로 컴퓨터 화면에서 포인터를 이동시켜 프 로그램을 실행하거나 종료, 파일의 이동 등과 같은 작업을 합니다.

02 컴퓨터 주변 장치를 알아보자

컴퓨터 사용을 보다 편리하게 도와주는 장치들입니다.

❶ 스피커	❷ 프린터	❸ 헤드셋	❹ ODD
컴퓨터에서 표시하는 각종 신호음을 알려주거나 음악 등의 소리를 출력해 주는 장치입니다.	모니터에 표시된 그림이나 문서 등을 종이에 인쇄해 주는 장치입니다.	마이크가 달려 있는 헤드폰으로 머리에 걸칠 수 있습니다.	CD나 DVD를 사용할 수 있는 장치입니다.

03 컴퓨터 본체의 주요 포트를 알아보자

컴퓨터 본체 뒷면에는 컴퓨터와 각종 주변 기기들을 연결하는 케이블을 꽂을 포트들이 있습니다. 메인보드에 따라 포트의 배치는 조금씩 다르나, 포트별 기본 모양은 동일하며 자주 사용하는 포트들은 본체 앞면에도 있습니다.

키보드와 마우스를 연결할 수 있는 PS/2 포트입니다. (최근에는 키보드와 마우스도 USB 제품으로 출시됩니다.)

주변 장치를 연결하기 위한 USB 포트입니다. USB 케이블을 이용해 메모리 장치, 휴대 전화, 각종 비디오 및 오디오 장치 등 다양한 주변 기기를 연결하여 데이터를 주고받을 수 있습니다.

▲ 본체 앞에 있는 경우

스피커나 헤드셋, 이어폰 등을 연결합니다.

▲ 본체 앞에 있는 경우

인터넷 연결을 위한 랜 케이블(랜선)을 꽂는 랜 포트입니다.

04 컴퓨터를 켜보자

01 모니터와 본체의 전원 단추를 각각 누릅니다. 전원 단추를 누르면 불이 들어옵니다. 모니터와 본체를 켜는 순서는 상관없습니다.

알아두기 모니터와 본체의 전원 단추 위치는 제품에 따라 다를 수 있는데, 전원 모양(⏻) 또는 손가락 모양 등이 표시되어 있으니 어렵지 않게 찾을 수 있습니다.

02 컴퓨터가 시작되는 부팅 화면이 지나가고 '윈도우' 프로그램이 실행되면서 모니터에 바탕 화면이 나타납니다.

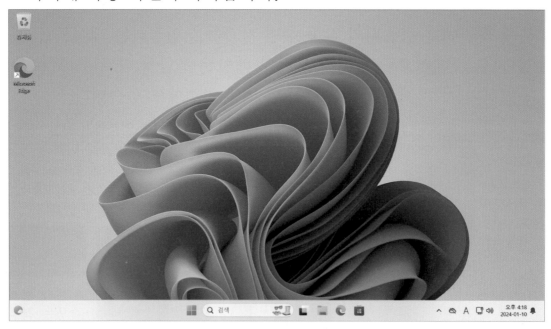

알아두기 '윈도우(Windows)'는 마이크로소프트사에서 개발한 컴퓨터 운영체제로 컴퓨터의 모든 하드웨어와 소프트웨어를 관리합니다.

05 바탕 화면에는 무엇이 있을까

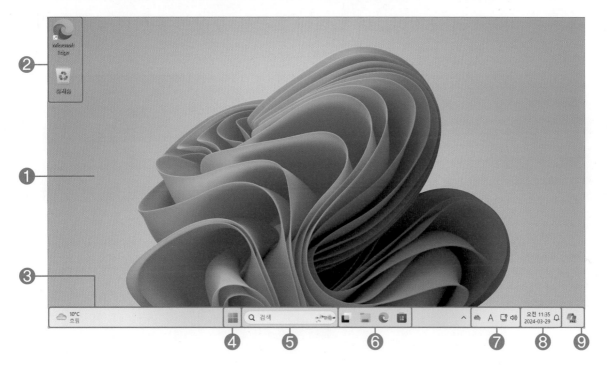

❶ **바탕 화면** : 윈도우 기본 화면으로 모든 창의 바탕에 위치합니다.

❷ **아이콘** : 파일, 폴더, 프로그램 등을 쉽고 직관적으로 표시한 그림 또는 기호입니다.

❸ **작업 표시줄** : 화면 하단에 위치한 표시줄로 실행 중인 프로그램이 표시되고 [시작] 단추, 빠른 실행 도구, 알림 영역 등으로 구성되어 있습니다.

❹ **시작** : 윈도우 기본 프로그램과 설치된 각종 프로그램을 실행하기 위한 메뉴로 프로그램 목록과 찾기, 설정, 시스템 종료 등이 포함되어 있습니다.

❺ **검색** : 앱, 파일, 폴더, 인터넷 등을 검색할 수 있습니다.

❻ **빠른 실행 도구** : 자주 사용하는 프로그램을 빠르게 실행하기 위해 작업 표시줄에 아이콘을 고정하는 것으로 사용자가 추가, 삭제할 수 있습니다.

❼ **트레이 아이콘** : OneDrive, 한글/영문 모드, 네트워크, 볼륨 등이 표시됩니다.

❽ **알림 영역** : 날짜, 시간, 알림 등이 표시됩니다.

❾ **Copilot** : 생성형 AI로 질문을 하여 질문에 대한 답을 얻을 수 있습니다.

알아두기 볼륨 조절, 달력 보기

[스피커] 아이콘(◀))을 클릭하면 나타나는 슬라이더를 움직여 볼륨을 조절할 수 있고 알림 영역의 시간과 날짜 부분을 클릭하면 달력이 표시됩니다.

01 마우스를 이리저리 움직여보면 화면에 화살표 모양의 포인터(🖱)가 움직이는 것을 볼 수 있습니다.

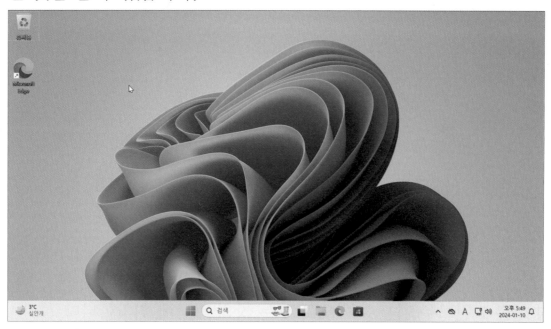

02 아이콘 위로 마우스 포인터를 이동하면 아이콘이 활성화됩니다. 이때 마우스의 단추를 클릭하여 아이콘을 실행하거나 관련 메뉴를 선택할 수 있습니다.

알아두기 아이콘 위로 마우스 포인터를 이동하면 아이콘의 역할을 설명하는 풍선 도움말이 화면에 표시됩니다.

07 컴퓨터를 꺼볼까

01 마우스 포인터를 작업 표시줄의 [시작] 단추(■)로 이동한 후 마우스 왼쪽 단추를 누릅(클릭)니다.

02 [시작] 메뉴의 오른쪽 아래 [전원] 단추를 클릭한 후 [시스템 종료]를 클릭하면 컴퓨터가 종료됩니다.

03 모니터의 전원 단추를 눌러 모니터 전원을 종료합니다.

알아두기

[시작] 메뉴의 구성
❶ 자주 사용하는 프로그램 목록이 표시되며, 상단에는 프로그램을 고정할 수 있습니다.
❷ [시작]–[모든 앱] 메뉴를 클릭하면 컴퓨터에 설치된 전체 프로그램 목록이 표시됩니다.
❸ 컴퓨터에서 프로그램이나 파일 등을 검색할 수 있습니다.
❹ 윈도우 종료에 관한 옵션을 표시합니다.

1 컴퓨터 장치에 대한 설명으로 맞는 것끼리 연결해 봅니다.

모니터 ●   ● 포인터를 이동시켜 프로그램을 실행하거나 종료, 이동함

키보드 ●   ● 모니터에 표시된 그림이나 문서 등을 종이에 인쇄

마우스 ●   ● 본체에서 동작하여 실행된 결과를 화면에 표시

프린터 ●   ● 특정 키를 눌러 동작을 지시하거나 글자를 입력하여 문서를 작성

2 바탕 화면의 구성 요소 이름을 적어봅니다.

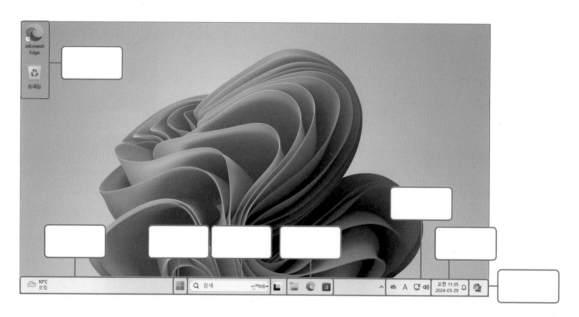

3 윈도우를 종료 후 다시 시작되도록 하려면 종료 옵션 중 무엇을 선택해야 하는지 적어봅니다.

02 마우스와 키보드 사용하기

01 마우스는 어떻게 동작할까

💬 마우스 모양 살펴보기

마우스의 모양은 제조사나 모델명에 따라 조금씩 다를 수 있으나 일반적으로 왼쪽, 오른쪽 단추와 휠로 구성되어 있습니다.

오른쪽 단추　휠　왼쪽 단추

💬 마우스 사용법 알아보기

❶ 클릭(Click)

동작	마우스 왼쪽 단추를 한 번 누른다.
기능	아이콘을 선택하거나 메뉴를 실행한다.

❷ 더블 클릭(Double Click)

동작	마우스 왼쪽 단추를 빠르게 두 번 연달아 누른다.
기능	폴더를 열거나 파일을 실행한다.

딸깍

딸깍 딸깍

❸ 드래그(Drag)

동작	정확히는 드래그 앤 드롭(Drag & Drop)이라는 동작으로, 마우스 왼쪽 단추를 누른 채 마우스를 이동시킨 후(드래그) 마우스 단추를 놓는다(드롭).
기능	아이콘, 파일 등을 이동시키거나 여러 개의 파일 또는 폴더를 선택할 때, 창의 크기를 변경할 때 사용한다.

누른 상태로 끌기

❹ 오른쪽 단추 클릭

동작	마우스 오른쪽 단추를 한 번 누른다.
기능	바로 가기 메뉴를 연다.

딸깍

❺ 휠

동작	마우스 왼쪽 단추와 오른쪽 단추 사이의 휠을 위나 아래로 굴린다.
기능	화면을 위나 아래로 이동시킨다(스크롤).

돌리기

알아두기 스크롤 바를 이용하여 화면을 위/아래로 이동하기

하나의 창에 모든 내용을 표시할 수 없을 때 창 오른쪽의 스크롤 바를 드래그하여 화면을 이동할 수 있습니다. 마우스의 휠 동작과 같은 기능입니다.

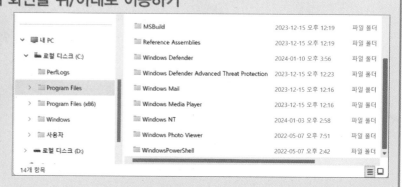

02 마우스를 사용해 보자

01 작업 표시줄의 [파일 탐색기] 아이콘(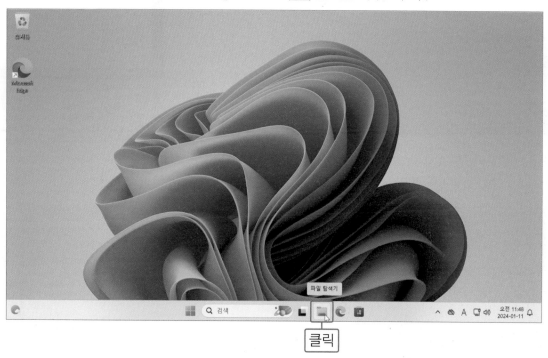)을 클릭합니다.

02 [파일 탐색기] 창이 나타납니다. 창의 위치를 옮기기 위해 창의 윗부분을 클릭한 채 드래그합니다.

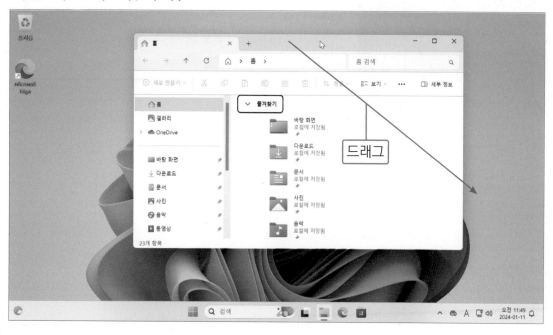

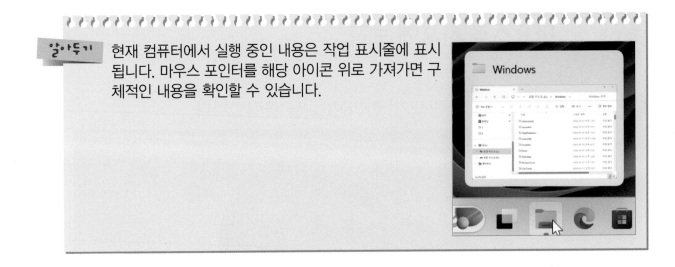

03 원하는 위치에서 마우스 단추를 놓으면(드롭) 창이 이동됩니다.

04 창의 왼쪽 목록에서 [로컬 디스크 (C:)]를 클릭합니다. 창 오른쪽에 로컬 디스크(C:) 내용이 표시되면 [Windows] 폴더를 더블 클릭합니다.

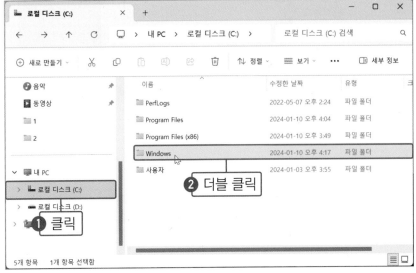

05 [Windows] 폴더의 내용이 표시되면 마우스 휠을 아래로 돌려봅니다. 화면이 아래쪽으로 이동하는 것을 알 수 있습니다.

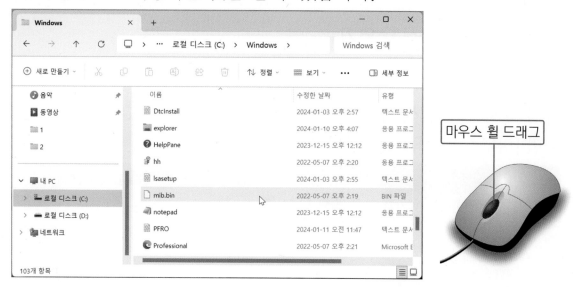

마우스 휠 드래그

06 작업 표시줄에 활성화되어 있는 [파일 탐색기] 아이콘(▣)에서 마우스 오른쪽 단추를 클릭합니다. 바로 가기 메뉴가 나타나면 [창 닫기]를 클릭합니다. 창이 닫힙니다.

❷ 클릭

❶ 마우스 오른쪽 단추 클릭

03 마우스 속도를 조절해 보자

💬 마우스 속성 대화상자 열기

[방법-1]

01 작업 표시줄의 [검색]란을 클릭한 후 '마우스'를 입력하고 관련 메뉴가 나타나면 [마우스 설정]을 클릭합니다.

02 마우스 설정 대화상자에서 [더 많은 마우스 설정]을 클릭합니다.

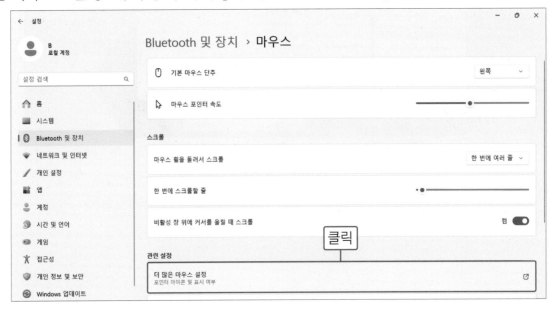

[방법-2]

01 [시작] 단추(■)를 클릭하고 [설정(⚙)]을 클릭합니다.

02 [설정] 대화상자가 나타나면 [Bluetooth 및 장치]를 클릭하고 Bluetooth 및 장치에서 [마우스]를 클릭합니다. 마우스 설정에서 [더 많은 마우스 설정]을 클릭합니다.

💬 마우스 속성 설정하기

01 [마우스 속성] 대화상자에서 내 손가락의 속도에 맞춰 더블 클릭 속도를 조절해 보겠습니다. [두 번 클릭 속도]의 오른쪽에 있는 폴더 아이콘(📁)을 더블 클릭해 봅니다.

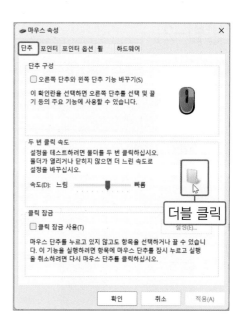

02 기존 닫힌 폴더 모양의 아이콘(📁)이 열린 폴더 모양의 아이콘(📂)으로 바뀌면 현재 속도가 자신에게 맞는 것입니다.

03 만약 아이콘 모양이 그대로라면 [속도]의 슬라이더를 [느림] 쪽으로 조금 이동시키고 다시 오른쪽 아이콘을 더블 클릭해 봅니다. 아이콘이 열린 폴더 모양 아이콘(📂)으로 바뀔 때까지 이 과정을 반복합니다.

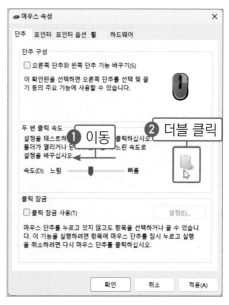

04 마우스 포인터가 움직이는 속도를 설정하기 위해 [포인터 옵션] 탭을 클릭합니다. [동작]의 [포인터 속도 선택]에서 속도를 [느림] 또는 [빠름] 쪽으로 조절하면서 사용하기 적당한 속도로 설정합니다.

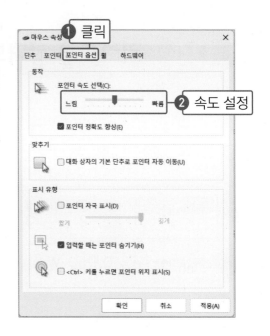

05 마우스 휠 속도를 조절하기 위해 [휠] 탭을 클릭합니다. [세로 스크롤]에서 [휠을 한 번 돌리면 스크롤할 양]의 [한 번에 스크롤할 줄의 수]에서 아래 화살표 단추(▼)를 클릭하여 '1'로 조절합니다. [확인] 단추를 클릭합니다.

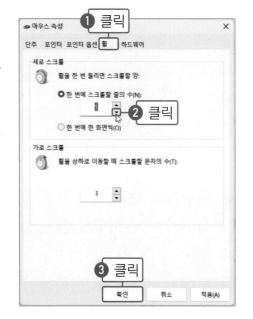

06 [제어판]이나 [파일 탐색기] 창에서 마우스 휠을 내려 보면 한 번에 화면이 스크롤되는 양이 줄어든 것을 알 수 있습니다.

04 키보드를 살펴보자

❶ **특수기호/숫자 키** : 자판에 표시된 특수기호나 숫자/수학연산자를 입력합니다. 숫자, 특수기호, 수학연산자(+, −, =)로 이루어져 있으며 윗글쇠를 포함하고 있습니다.

❷ **F1 ~ F12 키** : F는 Function(기능)의 약자로 어떤 기능을 수행하기로 미리 윈도우에서 지정해놓은 키들입니다. (예 F5 키 : 화면 새로 고침)

❸ **Esc (이에스씨) 키** : 명령이나 선택을 취소합니다.

❹ **Tab (탭) 키** : 마우스 포인터를(입력 위치)를 일정한 간격으로 이동시키거나 다른 메뉴로 이동합니다.

❺ **Caps Lock (캡스락) 키** : 영문 입력 시 대문자와 소문자를 지정합니다. 한 번 누를 때마다 변경됩니다.

❻ **Shift (시프트) 키** : 영문 대문자나 문자 입력 키의 윗글쇠를 입력할 때 사용합니다. 다른 키 또는 마우스 조작과 함께 사용합니다.

❼ **Ctrl (컨트롤)/Alt (알트) 키** : 다른 키 또는 마우스를 조작할 때 함께 사용하여 메뉴를 실행합니다. (예 Ctrl 키+드래그 : 복사하기, Alt + F4 키 : 닫기)

❽ **한자 키** : 입력한 한글을 한자로 변환합니다.

❾ **Space Bar (스페이스 바) 키** : 빈 칸을 입력할 때 사용합니다.

❿ **한/영 키** : 문자 입력 시 한글과 영문을 지정합니다. 한 번 누를 때마다 변경됩니다.

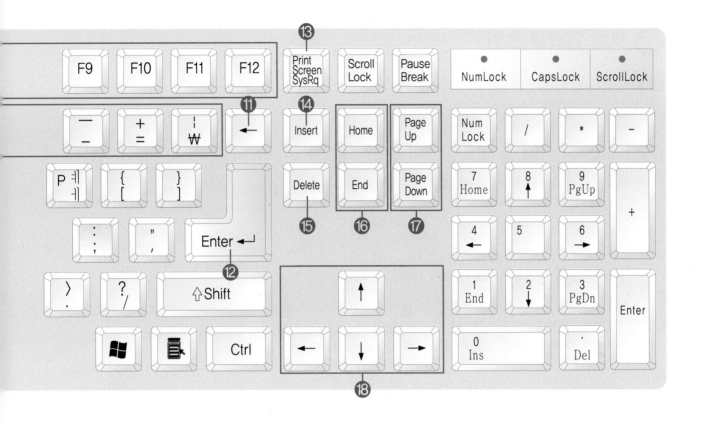

⑪ ←(백스페이스) 키 : 마우스 포인터 앞(왼쪽)에 있는 글자를 지웁니다. 이전 화면으로 돌아갈 때도 사용합니다.

⑫ Enter(엔터) 키 : 명령을 실행하거나 마우스 포인터를 다음 줄로 이동시킵니다.

⑬ Print Screen(프린트 스크린) 키 : 현재 화면 전체를 이미지로 캡처합니다.

⑭ Insert(인서트) 키 : 입력 상태를 '삽입'과 '수정' 상태로 지정합니다.

삽입	마우스 포인터 위치에 새로 입력하는 내용을 끼워 넣는다.(기존 내용이 뒤로 밀림)
수정	마우스 포인터 위치에 새로 입력하는 내용이 기존 내용을 덮어 쓴다.(기존 내용이 지워짐)

⑮ Delete(딜리트) 키 : 선택된 대상을 삭제하거나 마우스 포인터 뒤(오른쪽)에 있는 글자를 지웁니다.

⑯ Home(홈)/ End(엔드) 키 : 현재 마우스 포인터가 위치한 행의 가장 앞으로 이동(Home)하거나 가장 뒤로 이동(End)합니다.

⑰ Page Up(페이지 업)/ Page Down(페이지 다운) 키 : 마우스 포인터를 한 화면 위쪽으로 이동(Page Up)하거나 아래쪽으로 이동(Page Down)합니다.

⑱ ←/↑/↓/→(방향키) : 마우스 포인터를 해당하는 방향으로 한 칸 또는 한 줄씩 이동시키는 방향키입니다.

05 키보드로 문자를 입력해 보자

💬 문자 입력해 보기

01 문자 입력을 연습하기 위해 메모장을 실행하겠습니다.

02 [시작] 단추(■)를 클릭한 후 [메모장(📒)]을 클릭합니다. 또는 [모든 앱]을 클릭하고 [ㅁ]의 [메모장(📒)]을 클릭합니다.

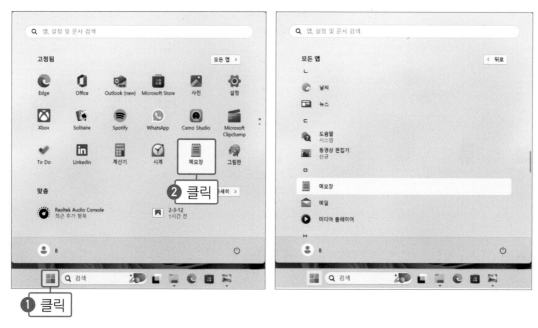

03 메모장이 나타납니다. 빈 공간의 첫 칸에 Ⅰ 모양의 마우스 포인터가 깜박입니다. 마우스 포인터는 현재 입력 위치를 표시합니다.

04 '반갑습니다.'를 입력합니다. 이어서 Shift 키를 누른 상태에서 숫자 키 6 을 두 번 누르면 윗글쇠인 '^^'가 입력됩니다.

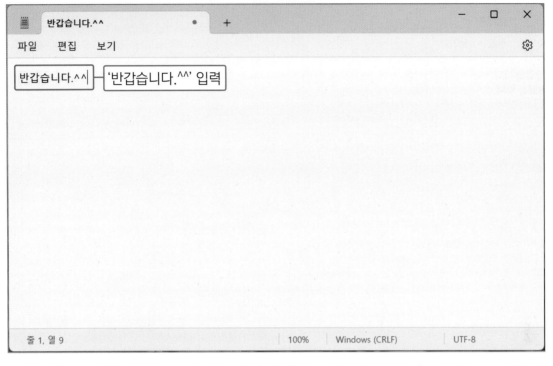

05 Enter 키를 누르면 마우스 포인터가 다음 행으로 이동합니다. 한/영 키를 눌러 영문 입력 상태로 전환합니다. Shift 키를 누르면 대문자를 입력할 수 있습니다. Shift 키를 누른 상태에서 'H'를 눌러 입력합니다. 이어서 Shift 키에서 손을 떼고 'ello,'를 입력합니다.

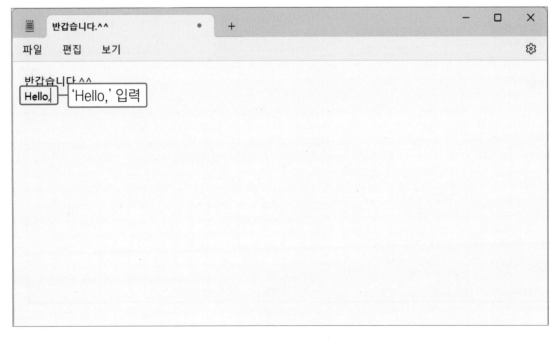

06 Space Bar 키를 한 번 눌러 한 칸 띄우고 Caps Lock 키를 누른 후 'KIM'을 입력합니다.

Caps Lock 키를 누르면 Shift 키를 누르지 않아도 영문자가 대문자로 입력됩니다. 소문 자로 돌아오려면 Caps Lock 키를 다시 한 번 누릅니다.

07 Enter 키를 두 번 눌러 두 줄을 이동합니다. '10월'을 입력하고 바로 한자 키 를 누릅니다.

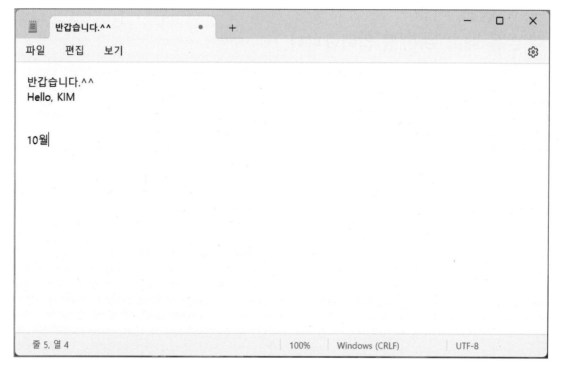

08 마지막 글자인 '월'의 한자 목록이 표시되면 [1 月 달 월]을 선택하기 위해 숫
자 키 **1**을 누르거나 클릭합니다.

09 '월'이 '月'로 변경됩니다.

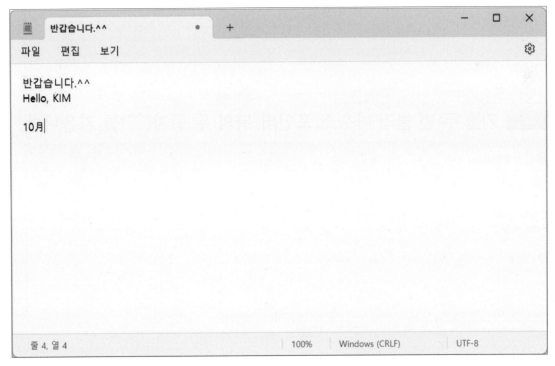

💬 입력한 문자 수정해 보기

01 ⬅(백스페이스) 키를 눌러 마우스 포인터 앞의 '月' 글자를 지웁니다.

02 첫 행의 '^^' 앞부분을 클릭합니다. 클릭하는 곳으로 마우스 포인터가 이동합니다.

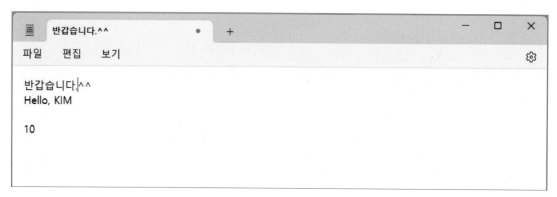

03 Delete 키를 두 번 눌러 마우스 포인터 뒤의 두 글자(^^)를 지웁니다.

04 '반갑습니다.'를 드래그하여 모두 선택합니다.

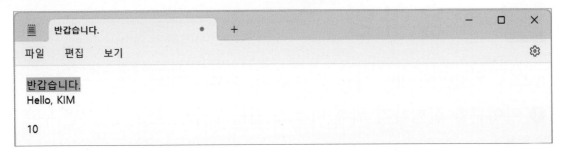

05 '안녕하세요.'를 입력하면 기존에 선택되었던 내용이 지워지고 새로 입력됩니다.

06 [파일]-[탭 닫기]를 클릭합니다. 대화상자가 나타나면 [저장하지 않음] 단
추를 클릭하여 메모장을 종료합니다.

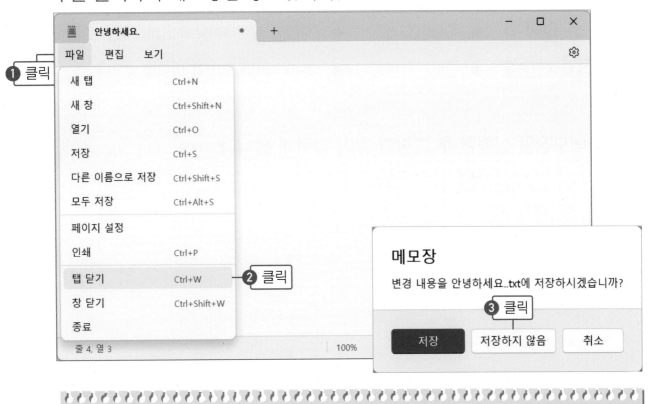

알아두기 [파일]-[창 닫기], [파일]-[종료]를 클릭하면 내용이 자동으로 저장되기 때문에 메모장을
다시 실행하면 기존에 작성한 내용이 나타납니다. 여러 사람이 사용하는 컴퓨터라면 중
요한 정보 작성 시 주의해야 합니다.

활용마당

1 마우스 조작법에 대한 다음 설명 중 빈 칸을 채워봅니다.

  ❶ 아이콘을 실행하기 위해 마우스 왼쪽 단추를 빠르게 두 번 누르는 것을 (   )이라고 한다.

  ❷ 바로 가기 메뉴를 사용하려면 마우스 (   ) 단추를 누른다.

  ❸ 창을 이동하려면 마우스 왼쪽 단추를 누른 상태에서 (   ) 한다.

2 키와 기능이 맞는 것끼리 연결해 봅니다.

  Enter ●   ● 문자 입력 시 한글과 영문을 지정

  한/영 ●   ● 빈 칸을 입력

  Shift ●   ● 선택을 삭제하거나 포인터 뒤 글자 삭제

  Delete ●   ● 명령을 실행하거나 포인터를 다음 줄로 이동

  Space Bar ●   ● 문자 키의 윗글쇠를 입력할 때 사용

3 메모장을 실행한 후 그림과 같이 입력해 봅니다.

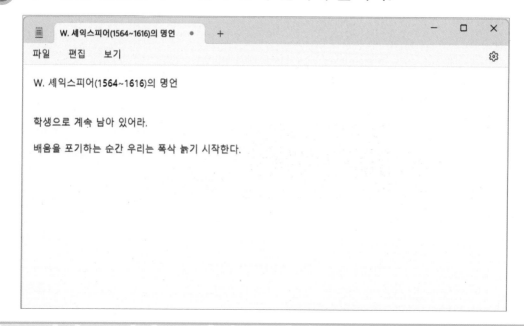

03 화면 설정하기

01 아이콘 위치를 조절해 보자

01 바탕 화면에서 [휴지통] 아이콘(🗑)을 클릭하고 그림과 같은 위치 또는 원하는 위치로 드래그하면 [휴지통] 아이콘(🗑)이 드래그한 위치로 이동됩니다.

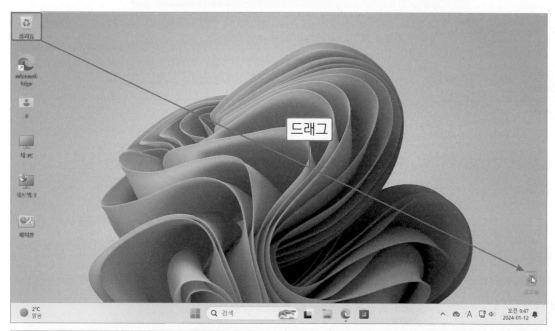

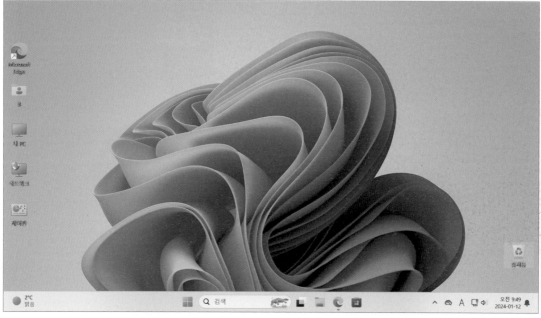

02 바탕 화면의 빈 곳에서 마우스 오른쪽 단추를 클릭합니다. 바로 가기 메뉴가
나타나면 [보기]–[아이콘 자동 정렬]을 클릭합니다.

알아두기 체크가 표시된 메뉴는 클릭할 때마다 체크가 해제되거나 체크됩니다.

03 위치가 이동되었던 [휴지통] 아이콘(🗑)이 자동으로 정렬됩니다.

04 바탕 화면의 빈 곳에서 마우스 오른쪽 단추를 클릭합니다. 바로 가기 메뉴가
나타나면 [정렬 기준]–[크기]를 클릭합니다.

05 크기를 기준으로 하여 아이콘이 재정렬됩니다.

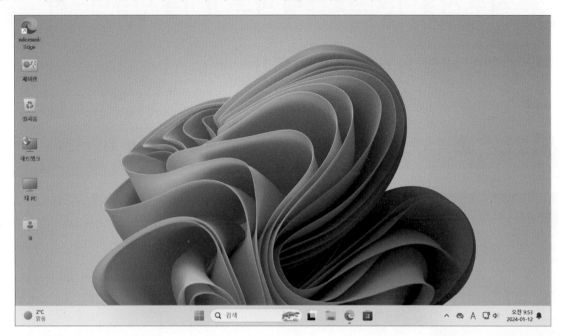

알아두기 크기 이외에도 이름, 항목 유형, 수정한 날짜를 기준으로 정렬할 수 있습니다.

알아두기 **바탕 화면 기본 아이콘 설정하기**
❶ 바탕 화면에서 마우스 오른쪽 단추를 클릭하고 [개인 설정] 클릭 또는 [시작]–[설정]에서 [개인 설정]을 클릭한 후 [테마]를 클릭하고 [바탕 화면 아이콘 설정]을 클릭합니다.
❷ [바탕 화면 아이콘 설정] 대화상자의 [바탕 화면 아이콘] 항목에서 [컴퓨터], [휴지통], [문서], [제어판], [네트워크] 중 바탕 화면에 표시할 아이콘만 체크하여 선택합니다.

02 자주 사용하는 프로그램 바로 가기를 만들어보자

💬 바탕 화면에 바로 가기 아이콘 만들기

[방법-1]

01 [시작] 단추(⊞)–[모든 앱]의 [메모장(📋)]을 클릭한 후 바탕 화면으로 드래그합니다.

02 바탕 화면에 메모장의 바로 가기 아이콘(📋)이 만들어집니다. [메모장 – 바로 가기] 아이콘(📋)을 더블 클릭하면 메모장 프로그램이 실행됩니다.

[방법-2]

01 작업 표시줄의 [검색]란에 'OneDrive'를 입력한 후 위쪽 [OneDrive] 앱에서 마우스 오른쪽 단추를 클릭합니다. 바로 가기 메뉴의 [파일 위치 열기]를 클릭합니다.

02 [OneDrive] 파일에서 마우스 오른쪽 단추를 클릭하고 [추가 옵션 표시]를 클릭합니다. [보내기]-[바탕 화면에 바로 가기 만들기]를 클릭하면 바탕 화면에 바로 가기가 만들어집니다.

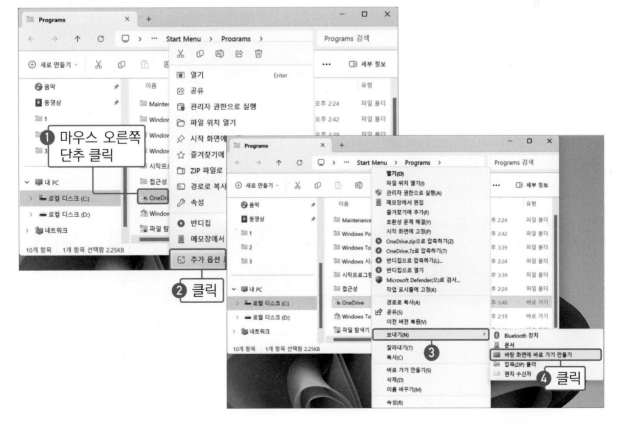

[방법-1]

01 [시작] 단추(⊞)-[모든 앱]의 [메모장(📋)]에서 마우스 오른쪽 단추를 클릭하고 바로 가기 메뉴의 [기타]-[작업 표시줄에 고정]을 클릭합니다.

02 작업 표시줄에 [메모장] 아이콘(📋)이 고정된 것을 확인하고 [메모장] 아이콘(📋)을 클릭합니다.

03 메모장 프로그램이 실행됩니다.

04 작업 표시줄의 [메모장] 아이콘(▤)을 마우스 오른쪽 단추로 클릭하고 작업 표
시줄에서 제거]를 클릭하면 다시 제거할 수 있습니다.

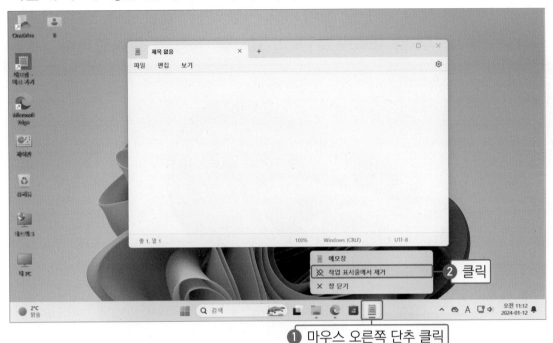

[방법-2]

01 [시작] 단추(⊞)-[모든 앱]의 [메모장(▤)]을 작업 표시줄로 드래그합니다.

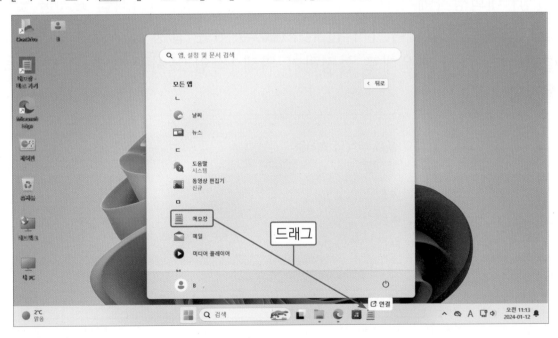

02 작업 표시줄에 해당 프로그램이 고정됩니다.

04 작업 표시줄을 다뤄보자

💬 작업 표시줄 정렬 변경하기

01 윈도우 10처럼 시작 단추를 왼쪽으로 이동할 수 있습니다. 작업 표시줄에서 마우스 오른쪽 단추를 클릭하고 [작업 표시줄 설정]을 클릭합니다.

02 [설정] 대화상자에서 [작업 표시줄 동작]을 클릭한 후 [작업 표시줄 맞춤]을 [왼쪽]으로 설정합니다. [시작] 단추(⊞)와 빠른 실행 도구들이 왼쪽으로 정렬됩니다. 다시 가운데로 설정하기 위해 [작업 표시줄 맞춤]을 [가운데]로 설정합니다.

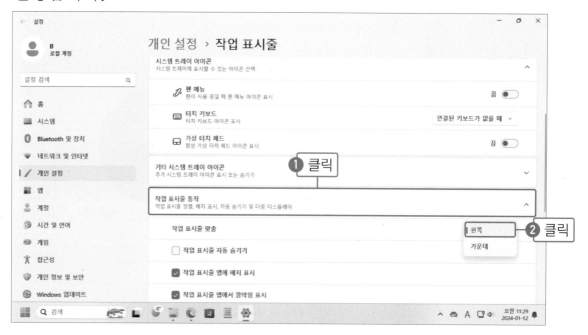

💬 작업 표시줄 위젯 숨기기

01 작업 표시줄의 왼쪽에 있는 위젯을 숨겨보겠습니다. 작업 표시줄에서 마우스 오른쪽 단추를 클릭하고 [작업 표시줄 설정]을 클릭합니다.

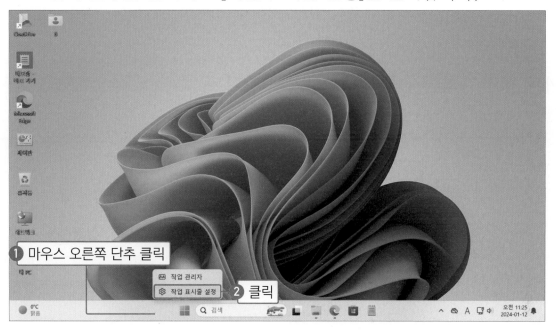

02 [설정] 대화상자에서 [widget]을 클릭해 [끔]으로 설정합니다. 작업 표시줄 왼쪽의 날씨 위젯이 사라집니다. 다시 위젯을 표시하려면 [widget]을 클릭해 [켬]으로 설정하면 나타납니다.

알아두기 Copilot, 작업 보기 등도 숨길 수 있습니다.

05 바탕 화면 배경을 바꿔보자

01 바탕 화면에서 마우스 오른쪽 단추를 클릭하고 바로 가기 메뉴에서 [개인 설정]을 클릭합니다.

02 개인 설정 대화상자에서 [배경]을 클릭합니다.

알아두기 **테마 설정하기**
[개인 설정]-[테마]에서 원하는 테마를 선택하면 이미지와 소리가 포함된 해당 테마가 바탕 화면의 배경으로 자동 지정됩니다. 또한 배경에 [슬라이드 쇼]가 포함된 경우 테마를 선택한 후 [배경]을 클릭하고 [다음 간격마다 사진 변경] 시간을 설정하면 포함된 배경이 설정된 시간마다 변경됩니다.

03 [사진 선택]에서 [사진 찾아보기]를 클릭합니다. [열기] 대화상자에서 변경할 배경을 선택한 후 [사진 선택] 단추를 클릭합니다.

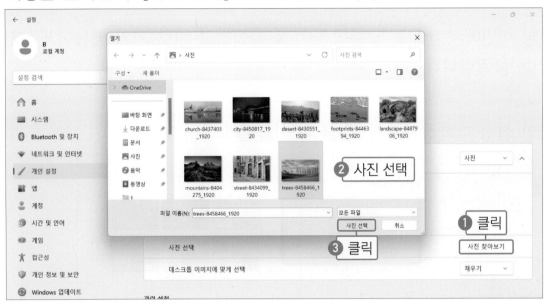

04 Alt + F4 키를 눌러 [설정] 대화상자를 닫고 바뀐 배경을 확인합니다.

알아두기 바탕 화면 초기 상태로 되돌리기
[개인 설정]-[배경]에서 윈도우 이미지를 선택하여 적용합니다.

알아두기 Alt + F4 키를 누르면 현재 표시되어 있는 창을 닫을 수 있습니다.

06 컴퓨터를 사용하지 않을 때 화면 보호기를 작동해 보자

01 바탕 화면에서 마우스 오른쪽 단추를 클릭하고 바로 가기 메뉴에서 [개인 설정]을 클릭합니다.

02 개인 설정 대화상자에서 [잠금 화면]을 클릭합니다.

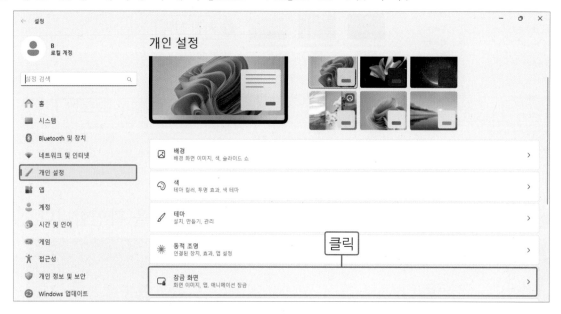

03 잠금 화면 설정에서 [화면 보호기]를 클릭한 후 [화면 보호기 설정] 대화상자가 나타나면 [화면 보호기] 목록에서 [없음]을 클릭합니다. [리본]을 선택한 다음 [대기]는 '2'분으로 설정하고 [확인] 단추를 클릭합니다.

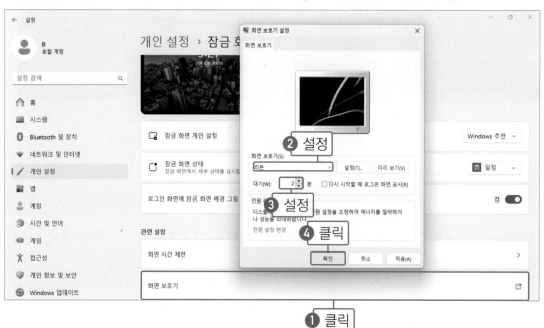

04 컴퓨터를 2분 동안 사용하지 않으면 선택한 [리본] 화면 보호기가 작동됩니다. 키보드를 누르거나 마우스를 움직이면 윈도우 화면으로 돌아옵니다.

알아두기 **화면 보호기 해제하기**
[화면 보호기 설정] 대화상자의 [화면 보호기] 목록에서 [없음]을 선택하면 설정된 화면 보호기가 사라집니다.

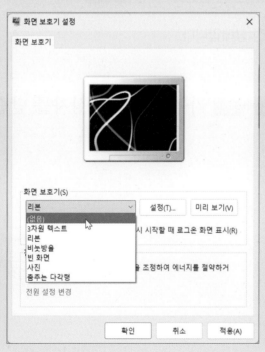

💬 글자와 아이콘 크게 표시하기

01 바탕 화면에서 마우스 오른쪽 단추를 클릭하고 바로 가기 메뉴에서 [디스플레이 설정]을 클릭합니다.

▲ 이미지의 화면 배율은 '100%(권장)' 설정 상태입니다.

02 [배율]을 [125%]로 설정하고 Alt + F4 키를 눌러 대화상자를 닫습니다.

03 바탕 화면의 아이콘과 텍스트가 보기 쉽게 커진 것을 확인할 수 있습니다.

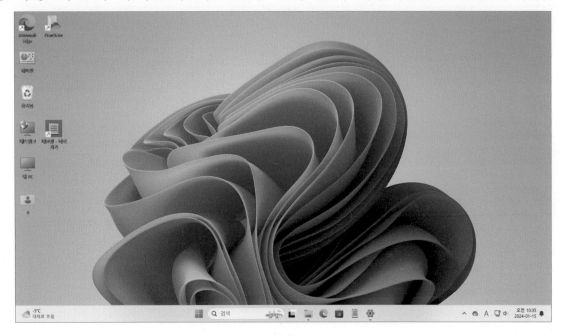

💬 아이콘 크게 표시하기

01 바탕 화면에서 마우스 오른쪽 단추를 클릭하고 [보기]–[큰 아이콘]을 클릭합니다.

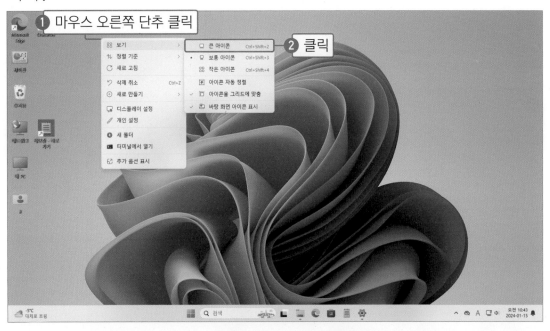

> **알아두기** 바탕 화면에서 마우스 오른쪽 단추를 클릭하고 [보기]–[보통 아이콘]을 클릭하면 원래의 아이콘 크기로 돌아옵니다.

02 아이콘의 크기가 크게 변경됩니다.

바탕 화면에서 Ctrl 키를 누른 상태에서 마우스 휠을 돌리면 아이콘 크기를 조절할 수 있습니다.

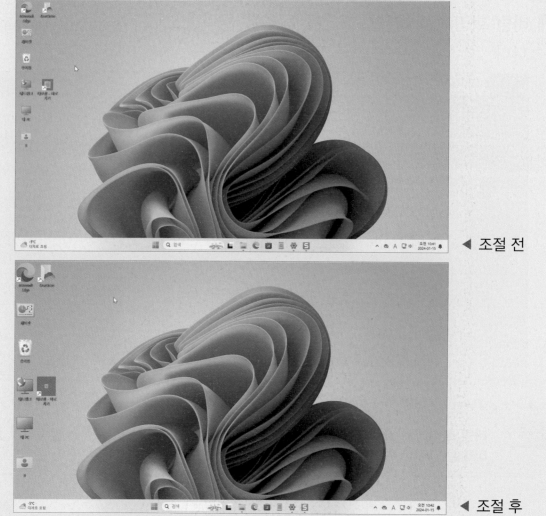

◀ 조절 전

◀ 조절 후

윈도우 11 **활용마당**

1 가지고 있는 이미지로 바탕 화면을 변경해 봅니다.

2 작업 표시줄에 [계산기]를 고정해 보고 해제합니다.

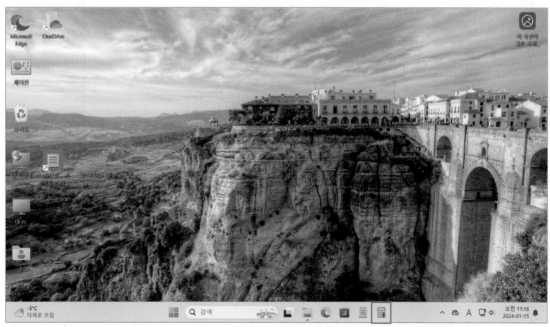

04 창 다루기

01 창 크기를 늘리거나 줄여보자

💬 창 조절 단추 사용하기

01 바탕 화면에서 [내 PC] 아이콘(🖥)을 더블 클릭하여 실행합니다.

02 [내 PC] 창이 열리면 오른쪽 위에 있는 [최대화] 단추(□)를 클릭합니다.

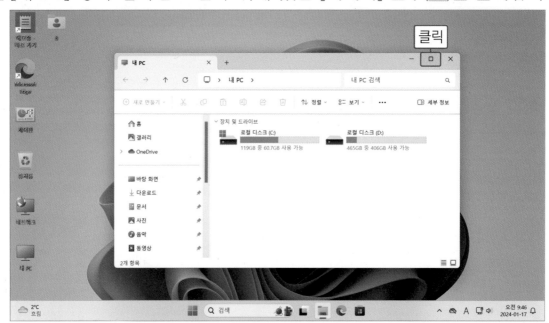

알아두기 창의 제목 표시줄을 더블 클릭해도 창이 최대화됩니다. 최대화 후 다시 더블 클릭하면 이전 크기로 복원됩니다.

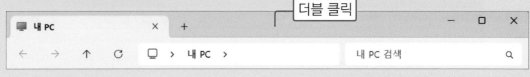

03 윈도우 화면에 맞게 창이 최대화됩니다.

04 [이전 크기로 복원] 단추(🗗)를 클릭합니다.

05 창의 크기가 이전 크기로 복원됩니다.

알아두기 창이 최대화된 상태에서 제목 표시줄을 더블 클릭해도 이전 크기로 복원됩니다.

06 [최소화] 단추(━)를 클릭합니다.

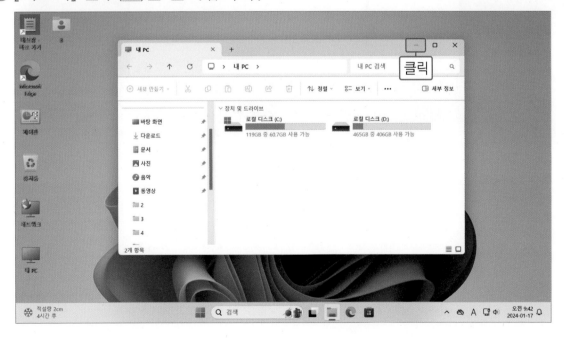

07 창이 최소화되어 작업 표시줄에만 표시됩니다. 작업 표시줄에서 [내 PC] 창의 아이콘(▣)을 클릭합니다.

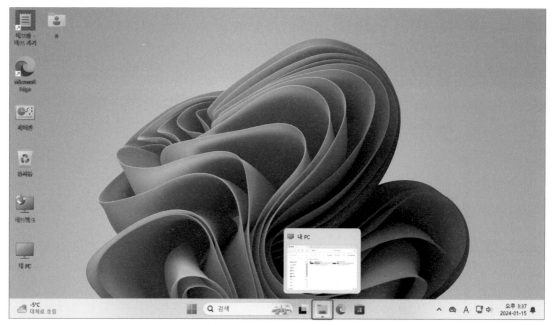

08 창의 크기가 최소화되기 이전 크기로 다시 표시됩니다.

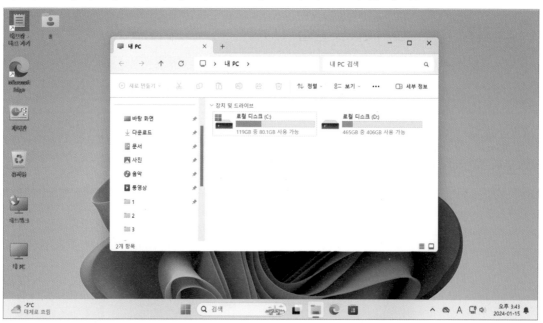

💬 마우스로 직접 창 크기 조절하기

01 창의 아래쪽 경계선으로 마우스 포인터를 이동합니다. 마우스 포인터가 ↕ 모양으로 바뀌면 창의 높이를 줄이기 위해 클릭하고 위쪽으로 드래그합니다.

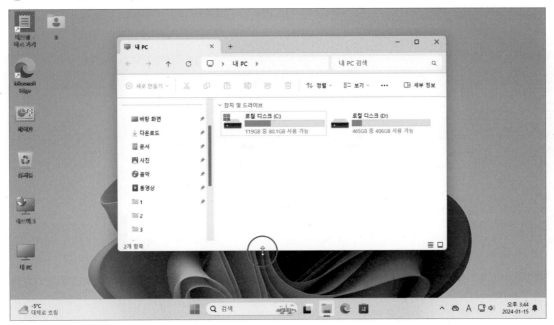

02 이번에는 창의 모서리 경계선으로 마우스 포인터를 이동합니다. 마우스 포인터가 ↗ 모양으로 바뀌면 창의 크기를 키우기 위해 클릭하고 대각선 아래쪽으로 드래그합니다.

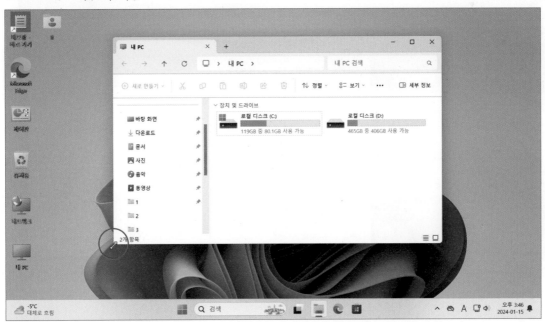

> **알아두기** 이와 같이 창의 네 면이나 모서리로 마우스 포인터를 이동하여 ↕, ⟷, ⬉, ↗ 모양으로 바뀔 때 원하는 방향으로 드래그하여 창의 크기를 조절할 수 있습니다.

01 창의 제목 표시줄로 마우스 포인터를 이동하여 포인터가 ⌖ 모양으로 바뀌면
클릭한 후 이동하고 싶은 방향으로 드래그합니다.

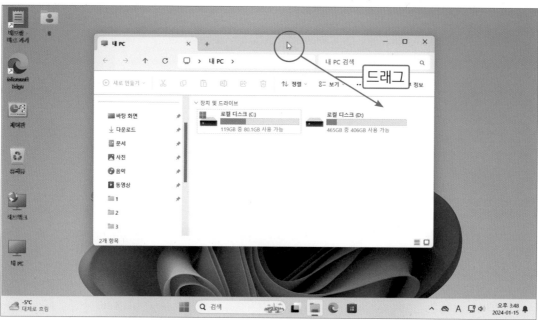

02 창이 이동됩니다.

03 창을 배열해 보자

01 [내 PC] 창이 열려 있는 상태에서 바탕 화면의 [제어판] 아이콘(🖥)을 더블 클릭하여 창을 엽니다. [내 PC] 창의 제목 표시줄을 드래그하면 위쪽에 스냅 레이아웃이 나타납니다.

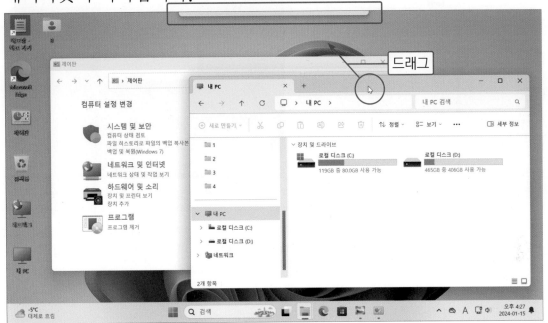

> **알아두기** 마우스 포인터를 [최대화] 단추(🗖)로 이동해도 스냅 레이아웃을 선택할 수 있습니다.

02 스냅 레이아웃으로 창을 드래그한 후 원하는 배치 형태 위에서 마우스 단추의 손을 뗍니다.

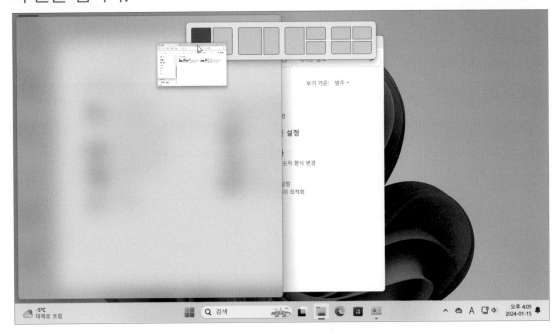

03 창이 선택한 레이아웃 형태로 조절되면서 배열됩니다.

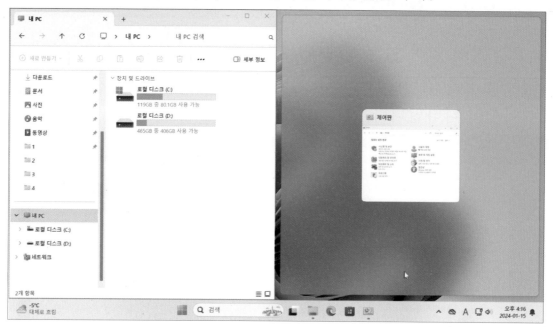

04 작은 [제어판] 창을 클릭하면 확대되면서 선택한 레이아웃 형태로 배열됩니다.

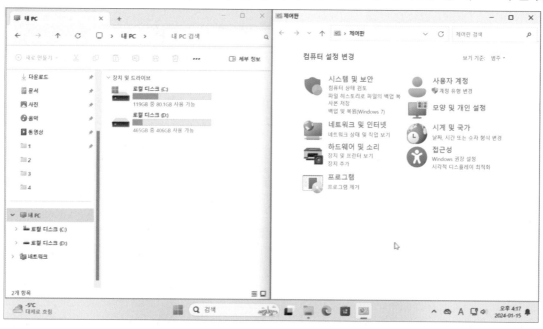

알아두기 제어판의 작은 창이 아닌 바깥쪽 불투명 부분을 클릭하면 배열되지 않고 기존 창으로 표시됩니다.

04 창을 닫아보자

01 [제어판] 창의 [닫기] 단추(×)를 클릭합니다.

02 [제어판] 창이 닫힙니다. 이번에는 [내 PC] 창의 제목 표시줄을 마우스 오른 쪽 단추로 클릭하고 [닫기]를 클릭합니다.

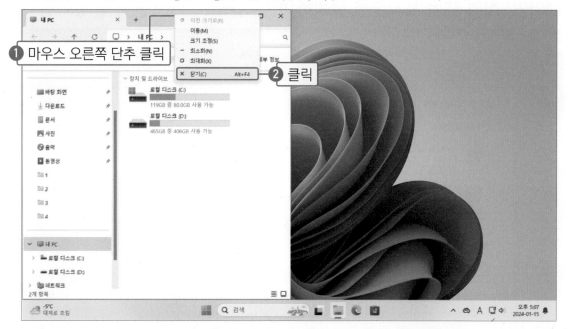

알아두기 창의 제목 표시줄 바로 가기 메뉴에서는 창의 이동과 크기 조절 및 닫기에 관한 명령을 사용할 수 있습니다. 명령 옆에 단축키가 적혀 있는 것은 해당 키를 눌러 명령을 실행할 수도 있다는 의미입니다.

01 바탕 화면에서 [내 PC(🖥)], [제어판(⚙)], [메모장 – 바로 가기(📄)]를 순서대로 더블 클릭하여 실행합니다. 가장 나중에 실행되는 창이 맨 앞에 활성화되는 것을 확인할 수 있습니다.

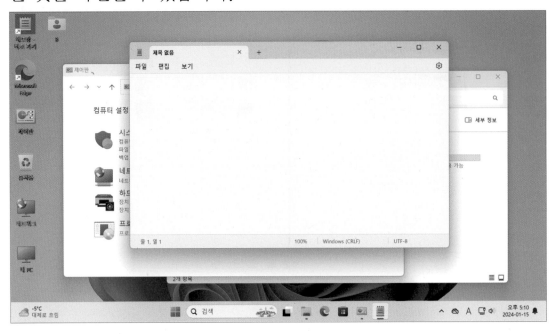

02 [제어판] 창의 제목 표시줄을 클릭하면 맨 앞으로 나오면서 활성화됩니다.

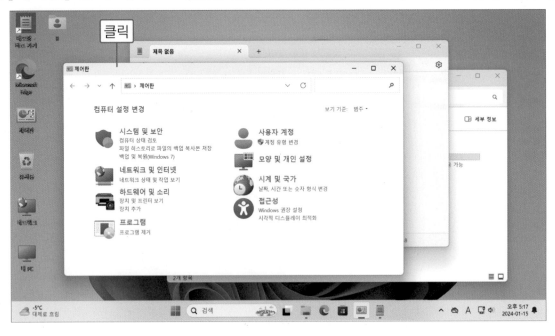

03 작업 표시줄에서 [내 PC] 창의 아이콘(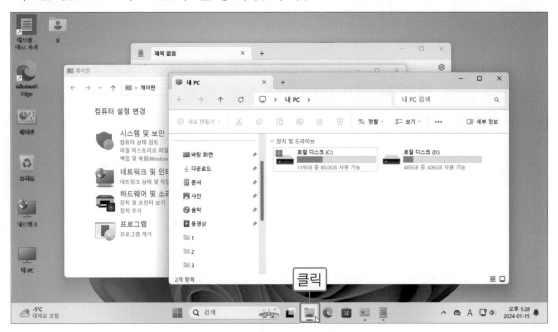)을 클릭합니다. 그러면 [내 PC] 창이 맨 앞으로 나오면서 활성화됩니다.

알아두기 [Alt] 키를 누른 상태에서 [Tab] 키를 누르면 현재 열려 있는 프로그램이나 창 목록이 표시됩니다. [Alt] 키를 누른 상태에서 [Tab] 키를 누를 때마다 차례차례 다른 작업 창으로 전환되며, 원하는 작업 창이 선택되었을 때 [Alt] 키와 [Tab] 키를 놓으면 해당 창이 가장 앞에 활성화됩니다.

▲ [Alt]+[Tab] 키로 [메모장] 선택

▲ [메모장]이 가장 앞에 활성화됨

1 [내 PC], [제어판], [메모장 - 바로 가기], [Microsoft Edge]를 각각 실행한 후 모든 창의 제목이 보이도록 창을 배치해 보고 [내 PC]를 가장 앞에 활성화해 봅니다.

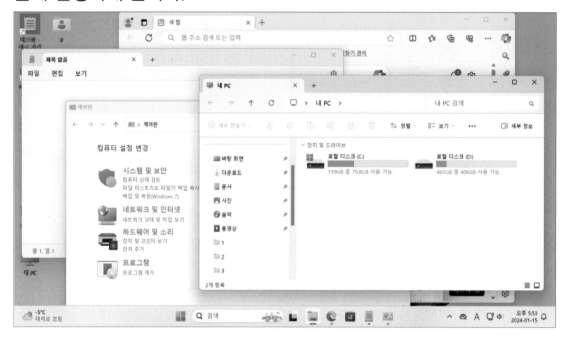

2 [내 PC], [제어판], [메모장 - 바로 가기], [Microsoft Edge]를 각각 실행한 후 스냅 레이아웃의 4분할로 배치합니다.

05 파일과 폴더 관리하기

01 파일과 폴더란 무엇일까

💬 파일(File)

파일은 자료(데이터)의 집합입니다. 문서, 그림, 동영상, 소리, 사진 등 다양한 형식이 있으며, 필요할 때 사용할 수 있습니다. 파일은 각각 자기만의 이름이 있고, 확장자로 데이터의 종류를 구분합니다. 파일 이름 형식은 '파일명.확장자'이며 연결된 프로그램에 따라 각각 다른 아이콘 모양을 나타냅니다.

인수인계.hwp	기획안.docx	업무일지.xlsx	샘플.pptx	교육과정.pdf	쇼핑.txt	영화.zip
한글 파일	Word 파일	Excel 파일	PowerPoint 파일	PDF 파일	텍스트 파일	압축 파일
코알라.jpg	코알라.jpg	Kalimba.mp3	Kalimba.mp3	야생.wmv	야생.wmv	ALCapture.exe
사진 파일		음악 파일		동영상 파일		프로그램 실행 파일

▲ 파일 아이콘의 예

💬 폴더(Folder)

파일을 저장하는 공간으로, 노란색 서류철 모양의 아이콘으로 표시됩니다. 폴더 안에는 파일뿐만 아니라 다른 폴더를 저장할 수 있으며, 어떤 파일/폴더가 들어있느냐에 따라 아이콘의 모양이 조금씩 달라집니다.

새 폴더	PDF 문서	동영상	워드 문서	이미지
빈 폴더 아이콘	포함된 파일 종류에 따른 폴더 아이콘			

02 파일 탐색기에서 파일과 폴더를 선택하고 실행해 보자

💬 파일 탐색기 실행하기

[방법-1]

01 작업 표시줄의 [파일 탐색기] 아이콘(📁)을 클릭합니다.

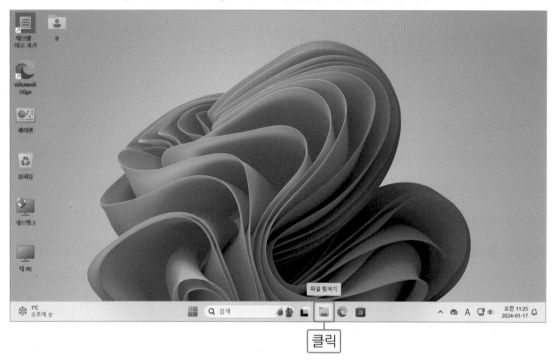

[방법-2]

01 [시작] 단추(⊞)-[모든 앱]-[파일 탐색기(📁)]를 클릭합니다.

💬 파일 탐색기의 화면 구성 살펴보기

파일 탐색기는 파일과 폴더를 쉽고 편리하게 이용할 수 있게 도와줍니다.

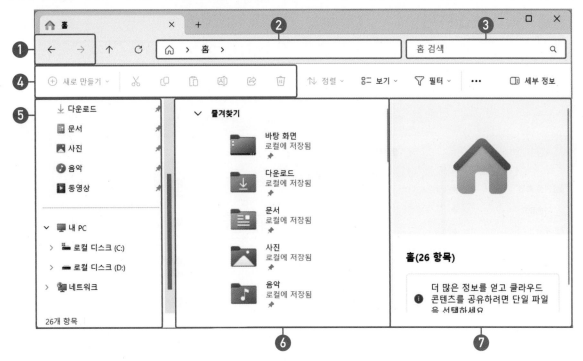

❶ **뒤로/앞으로** : 현재 위치를 기준으로 이전 혹은 이후 폴더로 이동합니다.

❷ **주소 표시줄** : 현재 폴더의 경로를 표시합니다.

❸ **검색 상자** : 특정 파일이나 폴더를 찾기 위해 검색할 단어를 입력합니다.

❹ **도구 모음** : 내용 창에서 선택한 폴더나 파일에 적용할 수 있는 명령을 도구 형태로 표시합니다.

❺ **탐색 창** : 컴퓨터의 드라이브, 폴더, 즐겨찾기, 라이브러리 등을 표시하며 클릭하면 이동할 수 있습니다.

❻ **내용 창** : 탐색 창에서 선택한 폴더에 포함된 파일이나 폴더를 보여줍니다.

❼ **세부 정보 창** : 선택한 파일의 크기, 수정한 날짜 등 다양한 정보를 표시합니다.

💬 파일/폴더 선택하고 실행하기

01 내용 창의 [즐겨찾기]에서 [사진] 폴더를 더블 클릭합니다. 또는 클릭하고
　　 Enter 키를 누릅니다.

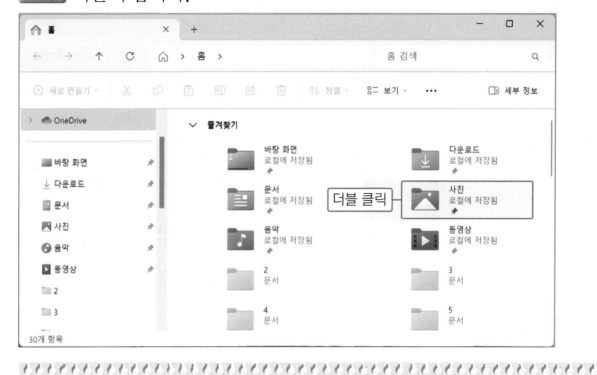

알아두기　파일 탐색기를 실행하면 [즐겨찾기]가 표시됩니다. [즐겨찾기]에는 윈도우에 기본적으로 생성되어 있는 [바탕 화면], [다운로드], [문서], [사진], [음악], [동영상] 폴더가 고정되어 있으며, 자주 사용하는 폴더도 표시됩니다.

02 [사진] 폴더의 내용이 표시됩니다.

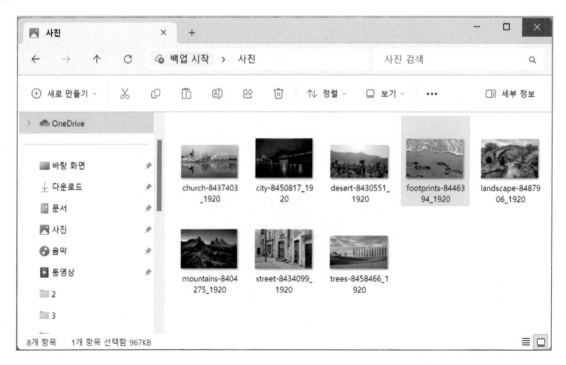

03 폴더 안의 파일을 더블 클릭하면 파일이 실행됩니다. [닫기] 단추(✕)를 클릭하여 창을 닫습니다.

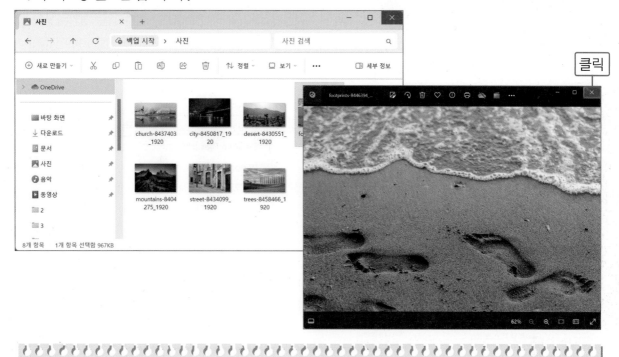

클릭

파일 확장자를 표시하려면 [파일 탐색기]의 도구 모음에서 [보기]–[표시]–[파일 확장명]을 클릭합니다.

---

04 왼쪽의 탐색 창에서 로컬 디스크 (C:) 앞의 〉표시를 클릭합니다. C 드라이브의 하위 폴더가 펼쳐지면 [Windows] 폴더를 클릭합니다. 오른쪽 내용 창에는 [Windows] 폴더 안의 내용이 표시됩니다.

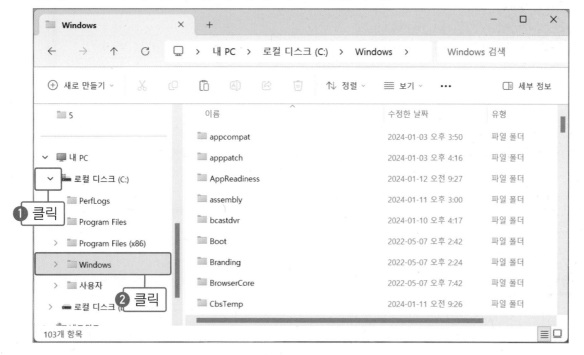

05 주소 표시줄에서 로컬 디스크 (C:) 뒤의 ﹥ 표시를 클릭합니다.

06 C 드라이브의 하위 폴더가 표시되면 [Program Files] 폴더를 클릭합니다.

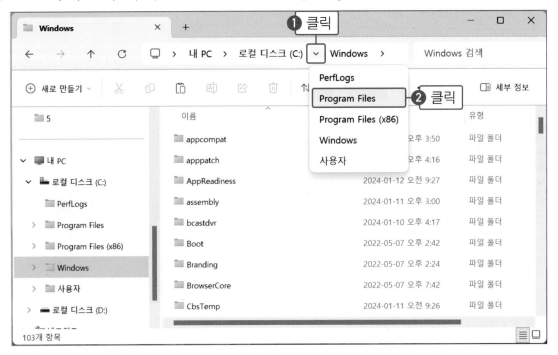

07 [Program Files] 폴더로 이동됩니다.

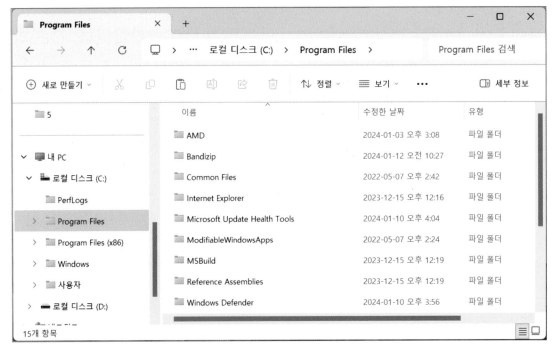

알아두기 이와 같이 파일 탐색기의 탐색 창, 내용 창, 주소 표시줄에서 다양한 방법으로 파일을 선택하고 실행할 수 있습니다.

💬 여러 파일/폴더 한 번에 선택하기

[연속된 폴더 한 번에 선택하기]

선택할 첫 번째 폴더를 클릭하고 **Shift** 키를 누른 상태에서 선택하려는 마지막 폴더를 클릭합니다.

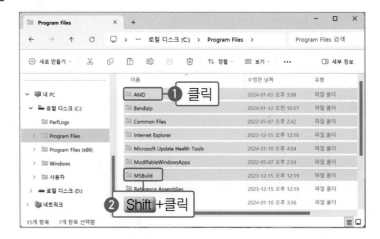

알아두기 파일을 선택하는 방법도 동일하게 진행하면 됩니다.

[연속되지 않은 폴더 선택하기]

Ctrl 키를 누른 상태에서 선택하려는 폴더를 하나씩 차례로 클릭합니다.

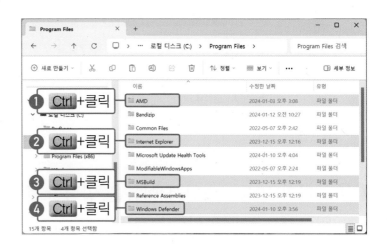

[모든 폴더/파일 한 번에 선택하기]

Ctrl+**A** 키를 누르면 현재 폴더 내의 모든 폴더와 파일이 선택됩니다.

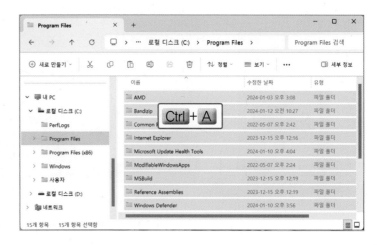

03 폴더와 파일을 새로 만들어보자

😃 폴더 만들기

[방법-1]

01 바탕 화면에서 마우스 오른쪽 단추를 클릭하고 [새로 만들기]–[폴더]를 클릭합니다.

> **알아두기** [새로 만들기]에는 폴더뿐만 아니라 파일을 만들 수 있는 명령도 포함되어 있습니다. 윈도우에서 기본으로 제공하는 명령도 있으며, 내 컴퓨터에 설치된 프로그램의 파일도 새로 만들 수 있습니다.

02 폴더가 만들어지면서 이름을 입력할 수 있는 상태가 됩니다. '연습'이라고 입력하고 Enter 키를 누르면 [연습] 폴더가 만들어집니다.

'연습' 입력+ Enter

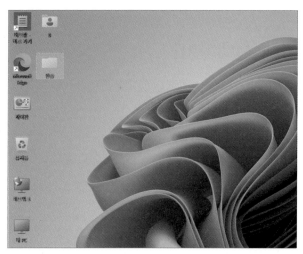

[방법-2]

01 작업 표시줄의 [파일 탐색기] 아이콘(🖿)을 클릭하여 실행하고 파일 탐색기 창에서 [바탕 화면] 폴더를 클릭합니다. 바탕 화면이 표시되면 도구 모음의 [새로 만들기]-[폴더]를 클릭합니다.

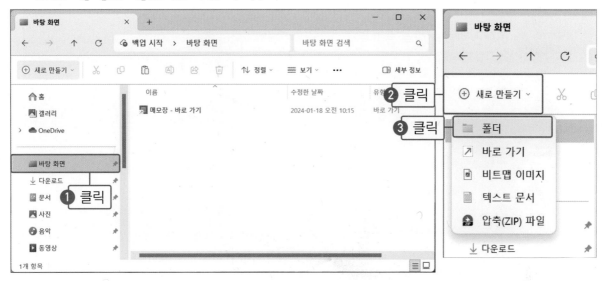

02 새 폴더가 만들어지면 '연습'이라고 입력하고 Enter 키를 누르면 [연습] 폴더가 만들어집니다.

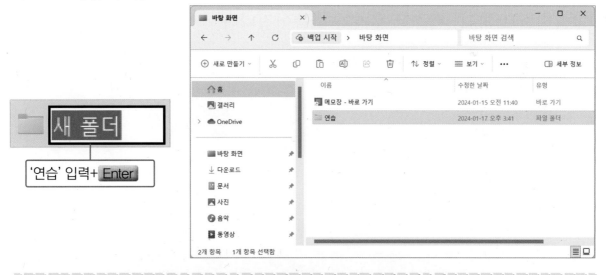

알아두기 바로 가기 메뉴, 키보드, 마우스를 이용해 파일/폴더 이름 변경하기

- 마우스로 파일이나 폴더를 선택하고 F2 키를 누르면 이름을 입력할 수 있는 상태로 바뀝니다.
- 마우스로 파일이나 폴더를 선택한 상태에서 한 번 더 클릭하면 이름을 입력할 수 있는 상태로 바뀝니다.
- 파일이나 폴더를 선택한 후 마우스 오른쪽 단추를 클릭하여 바로 가기 메뉴를 실행하고 [추가 옵션 표시]-[이름 바꾸기]를 클릭하면 이름을 입력할 수 있는 상태로 바뀝니다.

💬 파일 만들기

01 바탕 화면에서 마우스 오른쪽 단추를 클릭합니다. 바로 가기 메뉴에서 [새로 만들기]–[텍스트 문서]를 클릭합니다.

02 새로운 파일이 만들어지면 '테스트 파일'로 입력하고 Enter 키를 누릅니다. [테스트 파일] 텍스트 문서가 만들어집니다.

04 파일/폴더를 복사하거나 이동해 보자

💬 파일 복사하기

01 작업 표시줄에서 [파일 탐색기] 아이콘(📁)을 클릭한 후 [바탕 화면] 폴더를 클릭합니다. [테스트 파일.txt] 파일을 클릭하고 도구 모음에서 [복사(📋)]를 클릭합니다.

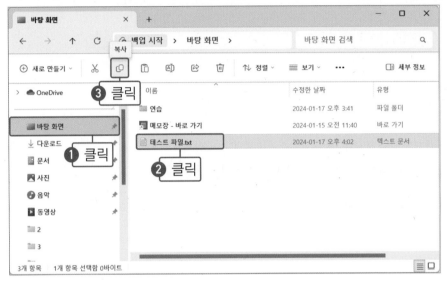

> **알아두기** 바로 가기 메뉴에서 [복사]를 클릭하거나 단축키 Ctrl + C 키를 눌러도 됩니다. 또는 Ctrl 키를 누른 상태에서 파일을 복사할 곳으로 직접 드래그하여 복사할 수도 있습니다.

02 왼쪽 탐색 창에서 [음악] 폴더를 클릭한 후 오른쪽 내용 창의 빈 곳에서 마우스 오른쪽 단추를 클릭하고 [붙여넣기(📋)]를 클릭합니다. 또는 바로 가기 메뉴에서 [추가 옵션 표시]를 클릭한 후 [붙여넣기]를 클릭해도 됩니다.

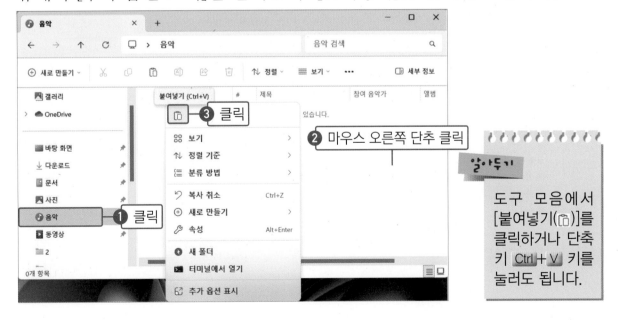

> **알아두기** 도구 모음에서 [붙여넣기(📋)]를 클릭하거나 단축키 Ctrl + V 키를 눌러도 됩니다.

03 [음악] 폴더로 [테스트 파일.txt] 파일이 복사됩니다.

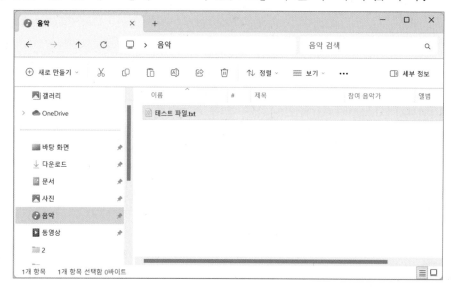

알아두기 파일을 복사했기 때문에 원래 위치인 바탕 화면에도 파일이 존재합니다.

💬 파일 이동하기

01 [음악] 폴더에서 [테스트 파일.txt] 파일을 클릭하고 도구 모음에서 [잘라내기(✂)]를 클릭합니다.

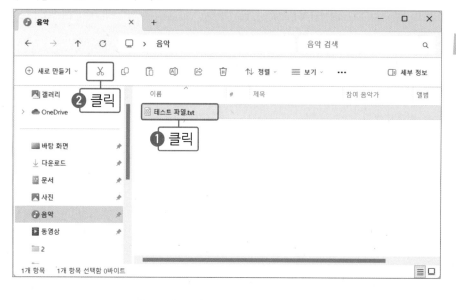

알아두기

바로 가기 메뉴에서 [잘라내기]를 선택하거나 단축키 Ctrl + X 키를 눌러도 됩니다. 또는 이동할 파일을 원하는 위치로 직접 드래그해도 이동할 수 있습니다.

02 잘라내기 한 파일이 희미하게 표시됩니다.

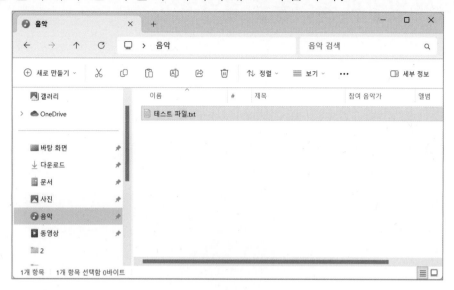

03 [문서] 폴더를 클릭한 후 Ctrl + V 키를 누르면 잘라낸 파일이 붙여넣기 됩니다.

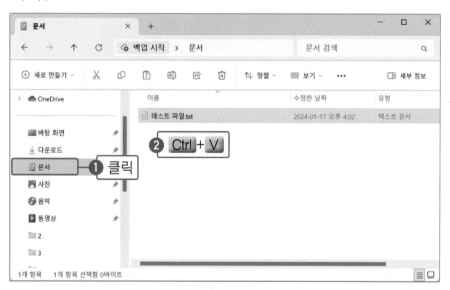

알아두기 파일이 이동되었기 때문에 원래 위치인 음악 폴더에는 파일이 사라집니다.

파일 삭제 방법과 휴지통을 알아보자

💬 파일/폴더 삭제하기

01 앞에서 만든 바탕 화면의 [연습] 폴더에서 마우스 오른쪽 단추를 클릭한 후 [삭제(🗑)]를 클릭합니다. 또는 바로 가기 메뉴에서 [추가 옵션 표시]를 클릭한 후 [삭제]를 클릭해도 됩니다.

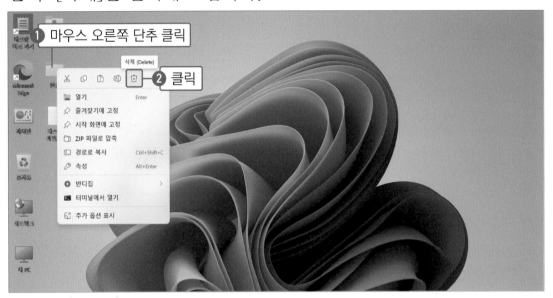

알아두기 파일/폴더를 선택한 후 Delete 키를 누르거나, 파일/폴더를 [휴지통] 아이콘(🗑)으로 직접 드래그해도 삭제할 수 있습니다.

02 [연습] 폴더가 삭제되고 휴지통 아이콘(🗑)이 가득찬 모양(🗑)으로 변경됩니다.

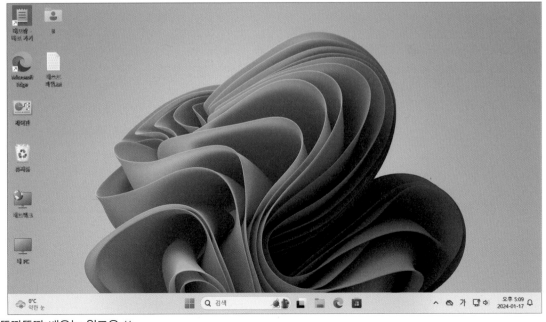

03 이번에는 [메모장 – 바로 가기] 아이콘(📒)을 클릭하고 Delete 키를 누릅니다.

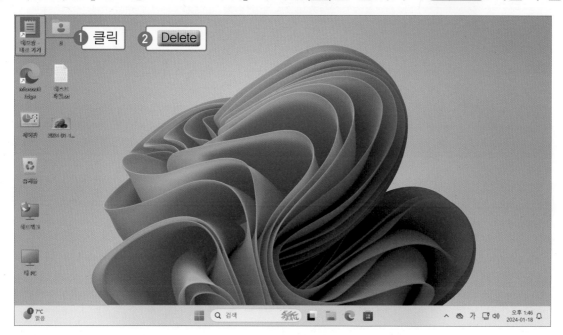

알아두기   Shift + Delete 키를 눌러 파일/폴더를 삭제하면 휴지통을 거치지 않고 완전히 삭제됩니다. 삭제될 때 파일 삭제를 확인하는 대화상자가 나타납니다.

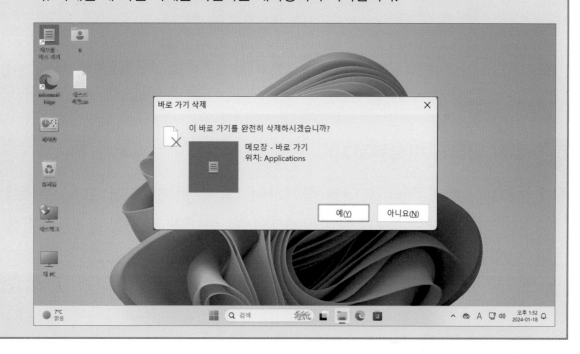

04 [메모장 – 바로 가기] 아이콘(📋)이 삭제됩니다.

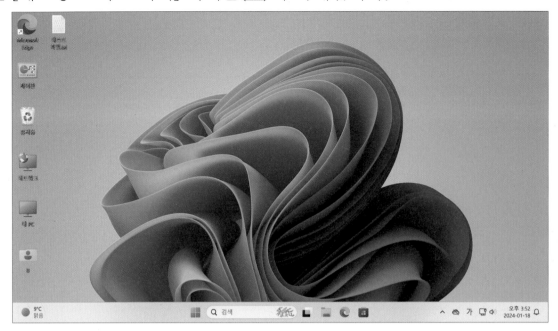

알아두기 휴지통 아이콘

◀ 휴지통에 파일이 없을 때   ◀ 휴지통에 파일이 있을 때

💬 파일 되살리기(복원하기)

01 [휴지통] 아이콘(🗑)을 더블 클릭하여 [휴지통] 창을 엽니다. 앞에서 삭제한 [메모장 – 바로 가기] 아이콘과 [연습] 폴더가 휴지통에 있는 것을 확인할 수 있습니다.

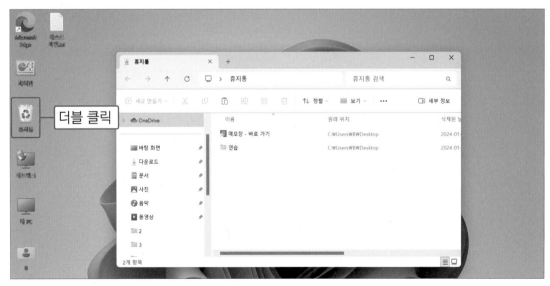

02 [연습] 폴더를 클릭한 후 도구 모음에서 [자세히 보기(···)]를 클릭하고 [선택한 항목 복원]을 클릭합니다.

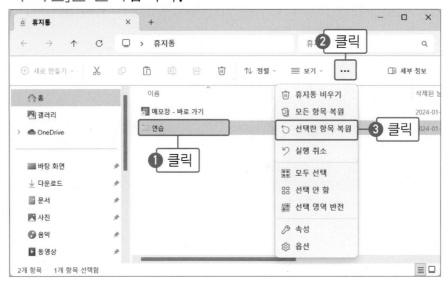

03 삭제되었던 [연습] 폴더가 원래 위치로 복원된 것을 확인할 수 있습니다.

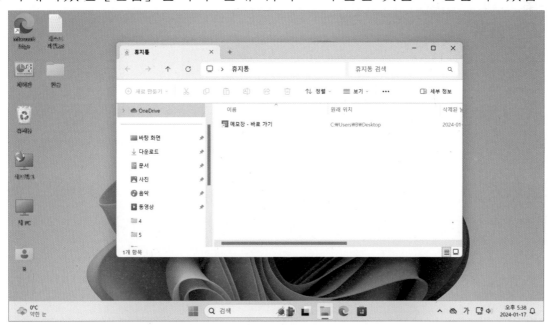

알아두기 파일/폴더를 이동할 때처럼 [휴지통]에서 복원하려는 위치로 파일/폴더를 드래그하여 복원할 수도 있습니다. 또는 해당 파일/폴더에서 마우스 오른쪽 단추를 클릭한 후 [복원]을 클릭해도 됩니다.

💬 휴지통 비우기

01 [휴지통] 창의 도구 모음에서 [자세히 보기(⋯)]–[휴지통 비우기]를 클릭합니다.

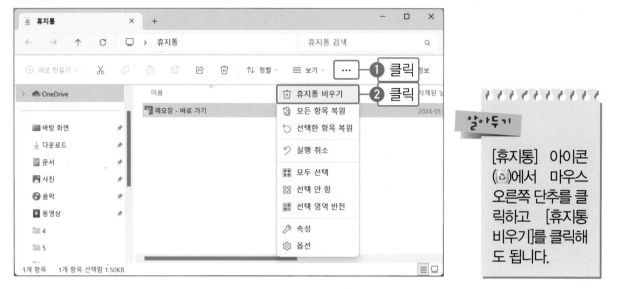

02 [파일 삭제] 대화상자가 나타나면 [예] 단추를 클릭합니다.

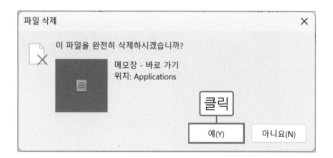

03 휴지통이 모두 비워집니다. 컴퓨터에서 파일이 완전히 삭제되었다는 것을 의미합니다. [닫기] 단추(×)를 클릭해 휴지통 창을 닫습니다.

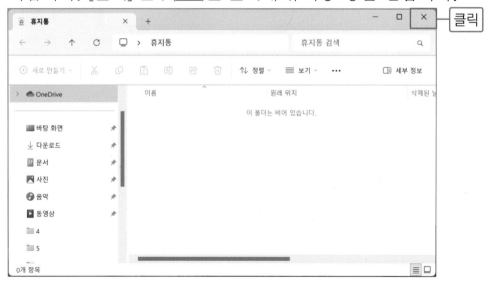

06 파일/폴더의 보기 형식을 변경해 보자

💬 파일 보기 형식 변경하기

01 작업 표시줄에서 [파일 탐색기] 아이콘(📁)을 클릭한 후 로컬 디스크 (C:)의 [Program Files] 폴더를 클릭합니다.

02 현재 파일 보기 형식은 [자세히]입니다. 보기 형식을 변경하기 위해 도구 모음에서 [보기(≡ 보기 ⌄)]를 클릭하고 [목록]을 클릭합니다.

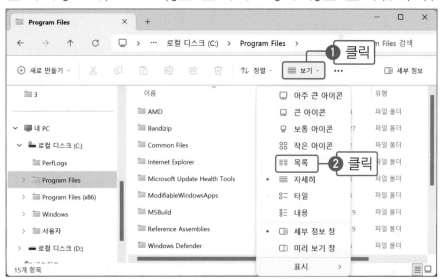

알아두기 현재 파일 보기 형식은 내용 창의 빈 곳에서 마우스 오른쪽 단추를 클릭하고 바로 가기 메뉴의 [보기]에서도 변경할 수 있습니다.

03 파일 보기 형식이 [목록]으로 변경됩니다.

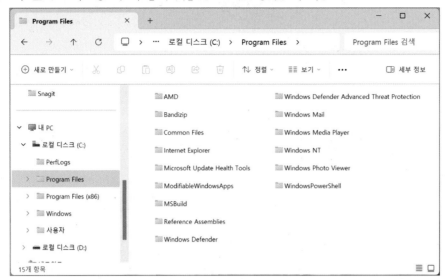

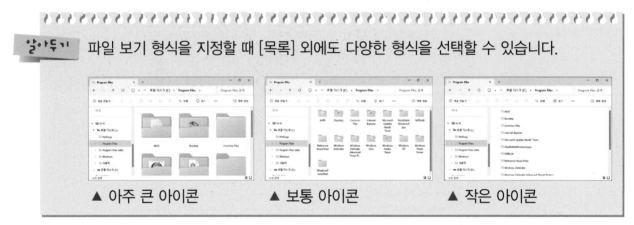

파일 보기 형식을 지정할 때 [목록] 외에도 다양한 형식을 선택할 수 있습니다.

▲ 아주 큰 아이콘　　　　▲ 보통 아이콘　　　　▲ 작은 아이콘

04 [목록] 보기 상태에서 [Common Files] 폴더를 클릭하고 [세부 정보(세부 정보)]
를 클릭합니다.

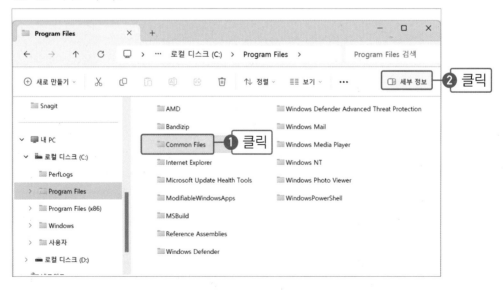

05 선택한 폴더에 대한 정보가 표시됩니다. [세부 정보(🔲 세부 정보)]를 다시 클릭하여 세부 정보 창을 닫습니다.

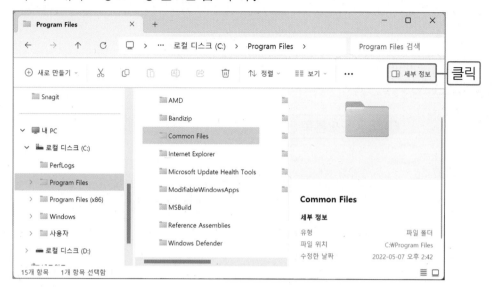

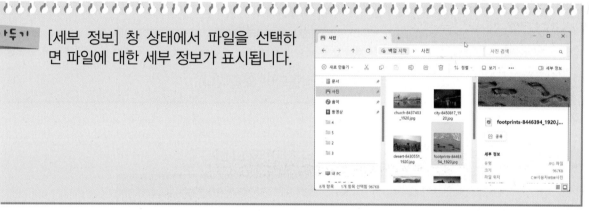

알아두기 [세부 정보] 창 상태에서 파일을 선택하면 파일에 대한 세부 정보가 표시됩니다.

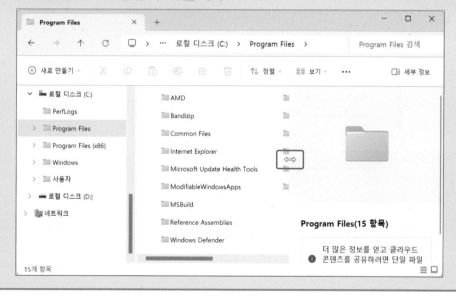

알아두기 세부 정보 창의 경계선에 마우스 포인터를 가져가 ⇔ 모양이 되면 좌우로 드래그하여 크기를 늘리거나 줄일 수 있습니다.

💬 파일 정렬하기

01 내용 창의 빈 곳에서 마우스 오른쪽 단추를 클릭하고 [정렬 기준]–[수정한 날짜]를 클릭합니다.

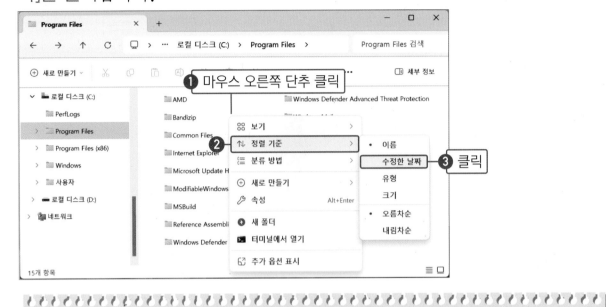

02 수정한 날짜 순서대로 오름차순 정렬됩니다.

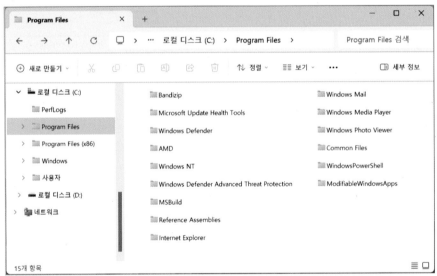

1 파일 탐색기에서 [문서] 폴더 안에 [테스트] 폴더를 만들고 바탕 화면의 '테스트 파일.txt' 파일을 이동합니다. '테스트 파일.txt'를 실행한 후 글자를 입력하고 저장합니다.

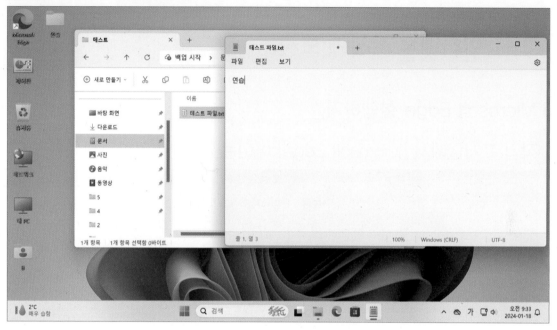

2 파일 탐색기에서 문서 폴더에 있는 [테스트] 폴더와 바탕 화면의 [연습] 폴더를 삭제합니다. 로컬 디스크 (C:)의 [Program Files]에서 [자세히] 보기 상태에서 [이름] 순서로 정렬해 봅니다.

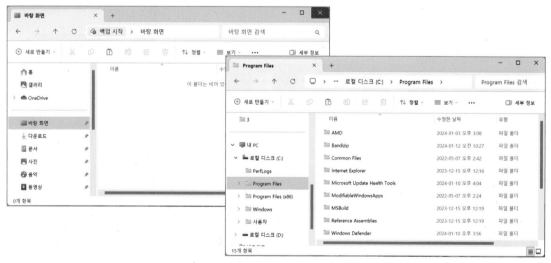

파일 목록 상단의 [이름], [크기], [유형], [수정한 날짜] 등의 탭을 클릭하여 정렬할 수도 있습니다.

06 인터넷 사용하기

01 인터넷을 시작해 보자

💬 Microsoft Edge 실행하기

01 작업 표시줄에서 [Microsoft Edge] 아이콘(◉)을 클릭합니다.

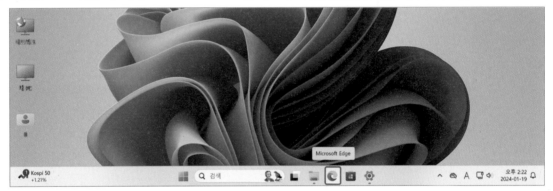

02 엣지가 실행되고 기본적으로 설정되어 있는 시작 페이지가 열립니다.

알아두기 윈도우 설치 시 기본적으로 설정되어 있는 시작 페이지입니다.

💬 Microsoft Edge의 화면 구성 살펴보기

❶ **프로필** : 프로필을 설정하면 어느 기기에서나 동일한 환경으로 인터넷을 사용할 수 있습니다.

❷ **페이지 탭** : 각 웹 사이트의 제목이 표시됩니다. 열려 있는 페이지 탭들은 클릭하여 전환할 수 있습니다.

❸ **뒤로/앞으로** : 이전 페이지로 이동하거나 뒤로 이동하기 전 페이지로 이동할 수 있습니다.

❹ **새로 고침** : 현재 페이지의 변경된 정보를 새롭게 불러올 때 사용합니다.

❺ **홈** : 홈 단추에 등록한 웹 사이트로 이동합니다.

❻ **주소 표시줄** : 현재 접속한 웹 사이트의 주소가 표시되며 직접 주소를 입력하거나 검색어를 입력해 웹 사이트에 접속할 수 있습니다.

❼ **즐겨찾기 추가** : 현재 웹 사이트를 즐겨찾기에 추가합니다.

❽ **분할 화면** : 브라우저 화면에 두 개의 탭을 나란히 표시할 수 있습니다.

❾ **즐겨찾기** : 즐겨찾기된 웹 사이트 목록과 이를 관리할 수 있습니다.

❿ **브라우저 필수 요소** : 브라우저의 성능 최적화 및 보안을 확인할 수 있습니다.

⓫ **설정 및 기타** : 엣지의 설정과 즐겨찾기, 확장 등의 메뉴들이 있습니다.

⓬ **코파일럿(Copilot)** : 일종의 인공지능 비서로, 로그인하면 '채팅', '미리 파악', '작성' 기능을 사용할 수 있습니다.

⓭ **사이드바** : 검색, 쇼핑, 도구, 게임, Microsoft 365, Outlook 등 마이크로소프트에서 지정해 놓은 기능입니다. [설정]-[사이드바]의 [항상 사이드바 표시]를 끄면 숨길 수 있습니다.

01 엣지의 주소 표시줄 안을 클릭하면 전체 주소가 파란 블록으로 지정됩니다.

02 'www.naver.com'을 입력하고 Enter 키를 누릅니다.

03 입력한 [네이버] 사이트로 이동합니다. 화면의 각 항목에 마우스 포인터를 가져가면 🖑 모양으로 변경됩니다. [뉴스]를 클릭해 봅니다.

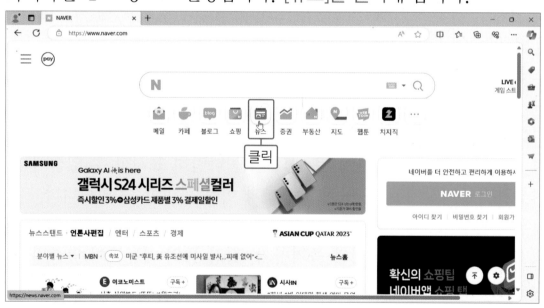

알아두기 마우스 포인터 모양이 🖑 모양으로 변경되는 것은 해당 항목에 링크, 즉 연결된 내용이 있다는 의미입니다.

04 [네이버 뉴스] 페이지가 새 탭으로 열리면 관심 있는 뉴스를 클릭합니다.

05 뉴스 내용이 표시됩니다. 이전 화면으로 돌아가기 위해 화면 왼쪽 상단에서 [뒤로] 단추(←)를 클릭합니다.

06 이전 화면으로 되돌아옵니다. [탭 닫기] 단추(×)를 클릭합니다.

07 네이버 뉴스 탭이 사라집니다. 이번에는 [새 탭] 단추(+)를 클릭합니다.

08 새 탭이 열리면 주소 표시줄에 'www.daum.net'을 입력하고 Enter 키를 누릅니다.

09 새 탭에 입력한 웹 사이트가 나타납니다. 탭에서 마우스 오른쪽 단추를 클릭하고 [탭 닫기]를 클릭해 탭을 닫습니다.

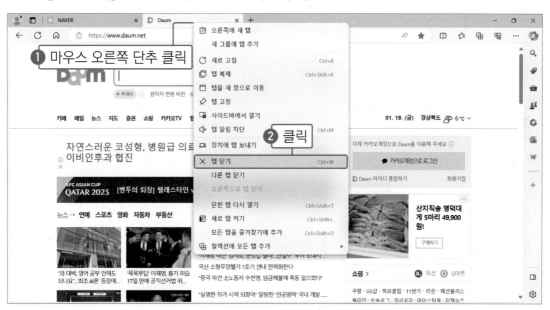

알아두기 [닫힌 탭 다시 열기]를 클릭하면 마지막에 닫았던 탭이 다시 열립니다.

01 네이버 검색란에 '설악산'을 입력하고 Enter 키를 누릅니다.

알아두기 대표적인 검색 사이트인 네이버, 구글, 다음 등은 기본 검색 방법이 비슷합니다.

02 검색어인 '설악산'에 관한 다양한 정보가 모두 검색됩니다.

03 스크롤을 내려 필요한 정보를 찾아봅니다. 여기서는 [전체코스]의 지도에서 [지도 보기] 단추( )를 클릭합니다.

04 설악산 등산 코스에 관한 다양한 정보가 표시됩니다. 페이지 왼쪽 상단의 네이버 로고(**N**)를 클릭하여 네이버 첫 페이지로 돌아갑니다.

알아두기 대부분 웹 사이트들은 페이지마다 자사의 로고를 삽입하고, 그 로고에 첫 페이지로 돌아가는 링크를 설정해두는 경우가 많습니다.

01 화면 오른쪽 상단의 [이 페이지를 즐겨찾기에 추가] 단추(☆)를 클릭합니다.

02 [이름]을 'NAVER(네이버)'로 수정하고 [완료] 단추를 클릭합니다.

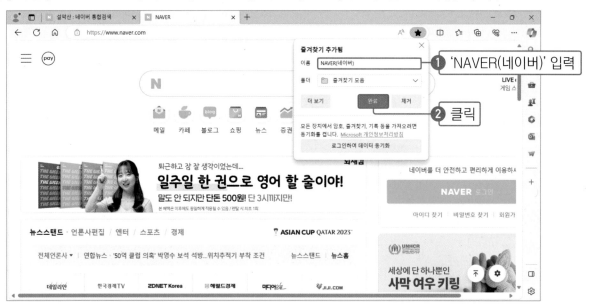

> **알아두기** 즐겨찾기에 항목이 많을 경우 [폴더]의 [다른 폴더 선택]을 클릭한 후 즐겨찾기 편집에서 [새 폴더]를 클릭해 유형별로 폴더를 만들어 관리하는 것이 좋습니다.

03 Ctrl + T 키를 눌러 새 탭을 엽니다. Ctrl + T 키는 [새 탭] 기능의 단축키입니다.

04 [즐겨찾기] 단추(☆)를 클릭하고 앞에서 추가한 [NAVER(네이버)]를 클릭합니다.

05 네이버 사이트로 이동합니다.

01 화면 오른쪽 상단에서 [설정 및 기타] 단추(···)를 클릭하고 [설정]을 클릭합니다.

02 설정 페이지에서 [시작, 홈 및 새 탭]을 클릭하고 [다음 페이지를 열 수 있습니다.]에 체크한 후 [새 페이지 추가] 단추를 클릭합니다. [새 페이지 추가] 대화상자가 나타나면 URL 입력란에 'naver.com'을 입력한 후 [추가] 단추를 클릭합니다.

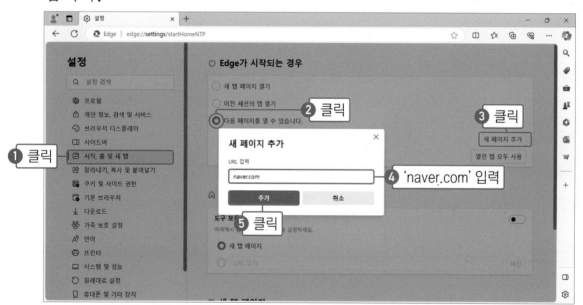

03 [도구 모음에 홈 버튼 표시]를 켠 후 URL 입력란에 'naver.com'을 입력하고 [저장] 단추를 클릭합니다.

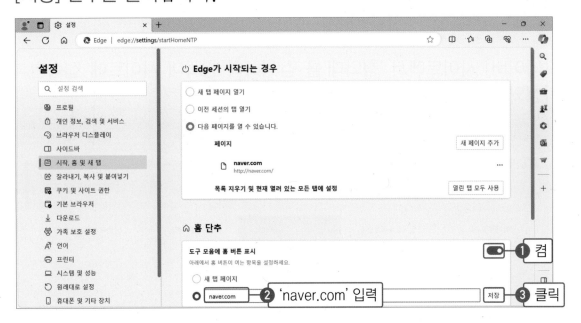

04 [홈] 단추(⌂)를 클릭하면 네이버 사이트로 이동합니다. 엣지를 닫고 다시 실행해보면 네이버 사이트로 시작되는 것을 확인할 수 있습니다.

활용마당

1 [네이버] 사이트에서 '청와대'를 검색하여 청와대 사이트에 접속한 후 [청와대 관람 신청] 페이지로 이동해 봅니다.

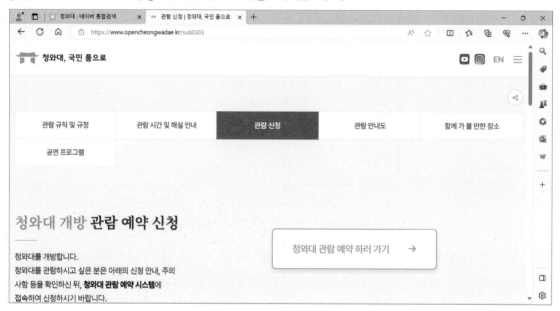

2 [다음(www.daum.net)], [구글(www.google.com)] 사이트를 즐겨찾기에 등록한 후 새 탭을 추가하여 즐겨찾기한 Google과 Daum 사이트에 접속해 봅니다.

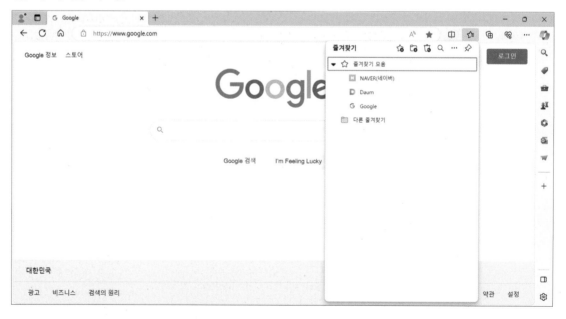

07 앱 알아보기

01 앱을 다운로드해 보자

💬 스토어에서 인기 무료 앱 설치하기

01 작업 표시줄에서 [Microsoft Store] 아이콘(■)을 클릭합니다.

02 Microsoft Store가 실행됩니다. [인기 무료 앱]을 클릭합니다.

03 인기 무료 앱에서 [카카오톡]을 클릭하여 설치를 진행합니다.

필터를 이용하면 인기 무료/유료, 최고 평점, 최다 판매 등의 세부 설정으로 검색할 수 있습니다.

04 카카오톡 앱에서 [설치]를 클릭합니다.

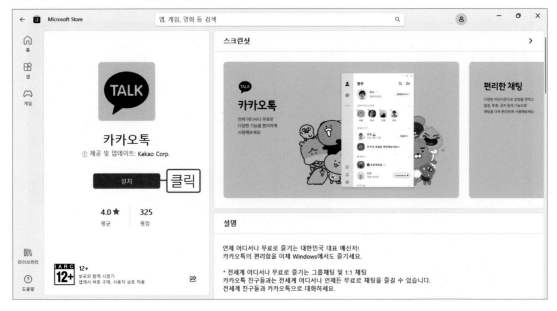

05 다운로드가 진행된 후 설치가 완료됩니다. 바탕 화면에 [카카오톡] 바로가기 아이콘()이 생성됩니다.

💬 **검색하여 다운로드하기**

01 스토어 상단 검색란에서 '달력'을 입력하고 Enter 키를 누릅니다.

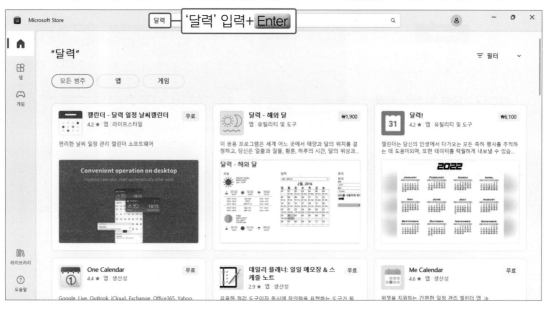

02 검색된 앱에서 설치할 무료 달력을 클릭합니다.

03 선택한 앱 화면에서 [다운로드]를 클릭합니다.

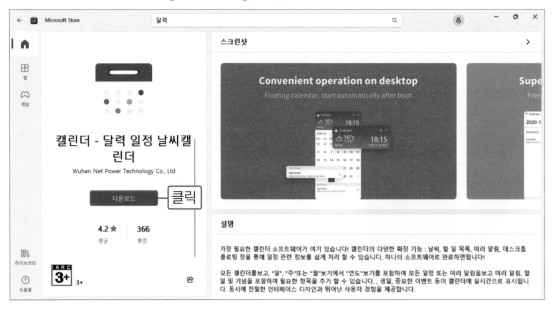

04 '다운로드 중' 메시지가 나타나고 설치가 완료되면 [열기]를 클릭합니다.

05 달력이 실행되고 일정을 등록할 수 있습니다.

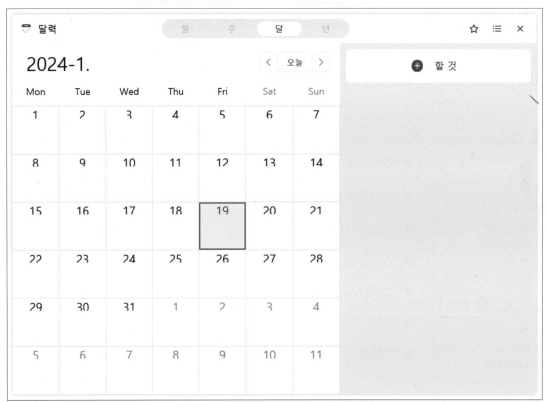

01 작업 표시줄의 [시작] 단추(■)를 클릭하고 [설정]을 클릭합니다.

02 [설정] 대화상자 왼쪽에서 [앱]을 클릭한 후 [설치된 앱]을 클릭합니다.

03 설치된 앱을 확인할 수 있습니다. 이전에 설치한 캘린더 앱을 찾아 ⋯ 단추를 클릭한 후 메뉴에서 [제거]를 클릭합니다.

04 앱 제거에 대한 확인 대화상자가 나타나면 [제거] 단추를 클릭합니다.

05 앱이 제거되는 표시가 나타난 후 제거가 완료되면 설치된 앱에서 해당 앱이 사라집니다.

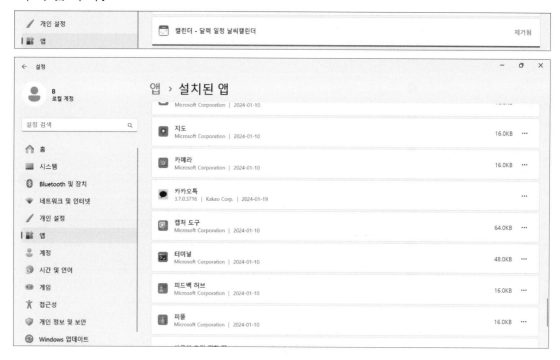

03 날씨 앱을 사용해 보자

💬 지역 검색 후 날씨 확인하기

01 윈도우에 기본적으로 설치되어 있는 날씨 앱을 활용해 보겠습니다. 작업 표시줄의 [시작] 단추(■)를 클릭하고 [모든 앱]-[날씨]를 클릭합니다.

02 앱이 실행되면 [위치 찾기]란에 날씨를 확인할 곳의 지역을 입력한 후 `Enter` 키를 누르거나 검색 아래 지역을 클릭합니다. 여기서는 [강원도]를 알아봅니다.

03 강원도 지역의 날씨와 기온을 확인할 수 있습니다.

💬 즐겨찾기 추가하기

01 자주 확인하는 지역을 즐겨찾기하여 날씨 앱 메인에서 확인할 수 있게 하겠습니다. 왼쪽 [즐겨찾기] 단추(⭐)를 클릭합니다.

02 [좋아하는 장소]의 ▨ + ▨를 클릭합니다.

03 즐겨찾기할 지역을 입력한 후 관련 지역이 목록으로 나타나면 원하는 항목을 클릭합니다. 여기서는 [제주도]를 등록합니다.

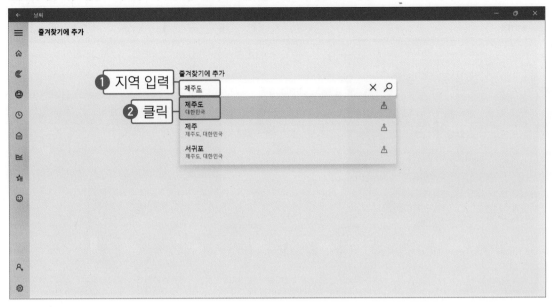

04 좋아하는 장소에 [제주도]가 등록되었습니다. 등록된 장소를 클릭합니다.

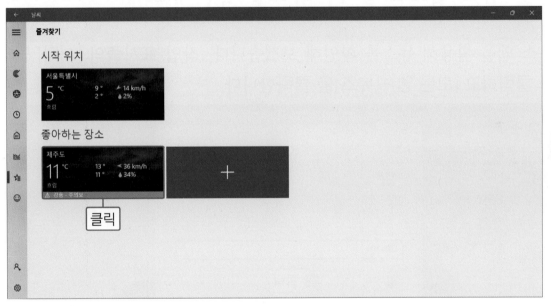

05 등록한 장소의 현재 날씨를 확인할 수 있습니다. 날씨 앱을 실행하면 즐겨찾기 장소는 위쪽에 표시됩니다.

04 뉴스 앱으로 실시간 뉴스를 확인해 보자

01 뉴스 앱을 활용해 뉴스를 확인해 보겠습니다. 작업 표시줄의 [시작] 단추(⊞)를 클릭하고 [모든 앱]–[뉴스]를 클릭합니다.

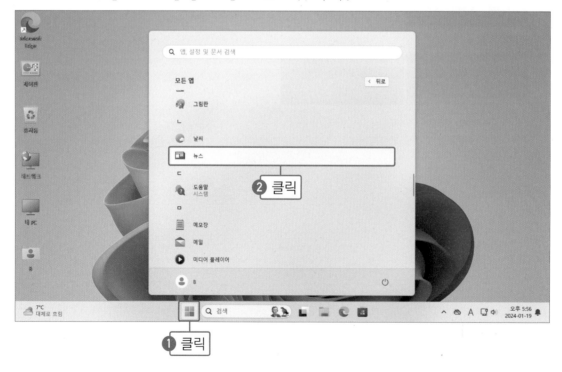

02 관심 있는 기사를 클릭하면 뉴스를 확인할 수 있습니다.

03 관심 분야를 등록하여 뉴스를 확인할 수도 있습니다. 왼쪽 [관심 분야] 단추 (⭐)를 클릭합니다.

04 관심 있는 항목의 ⊕ 단추를 클릭하여 체크합니다.

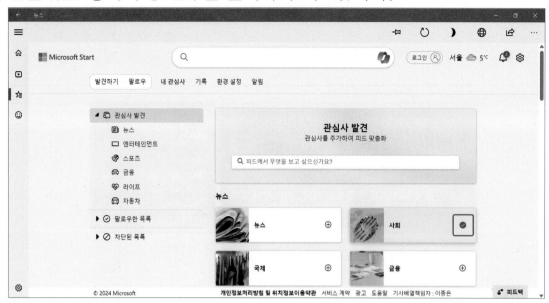

① Microsoft Store에서 폴라리스 오피스를 검색하여 앱을 설치해 봅니다.

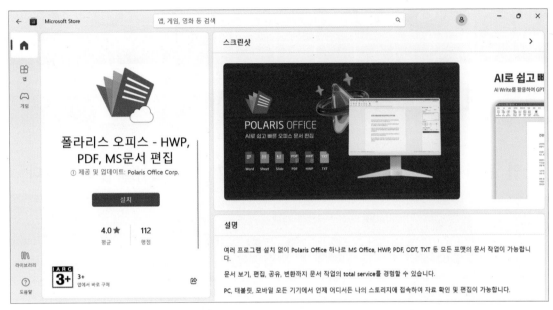

② 날씨 앱에서 로마를 좋아하는 장소로 등록해 봅니다.

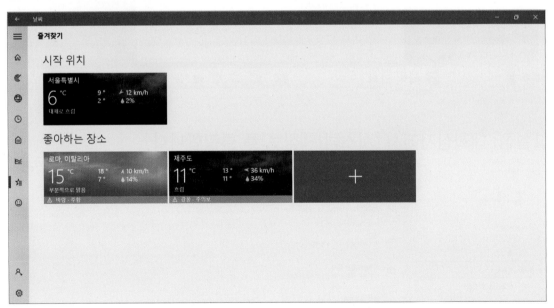

컴퓨터 관리하기

01 내 컴퓨터의 사양을 알아보자

01 작업 표시줄의 [시작] 단추(■)를 클릭하고 [설정(⚙)]을 클릭합니다.

02 [설정] 대화상자에서 [시스템]–[정보]를 클릭합니다.

03 컴퓨터의 프로세서, RAM, 윈도우 버전 등의 컴퓨터 사양을 확인할 수 있습니다.

04 [닫기] 단추(❌)를 클릭하여 창을 닫습니다.

알아두기 **[시스템] 창을 여는 다른 방법**
바탕 화면의 [내 PC] 아이콘(🖥️)에서 마우스 오른쪽 단추를 클릭한 후 [속성]을 클릭해도 시스템 정보를 확인할 수 있습니다.

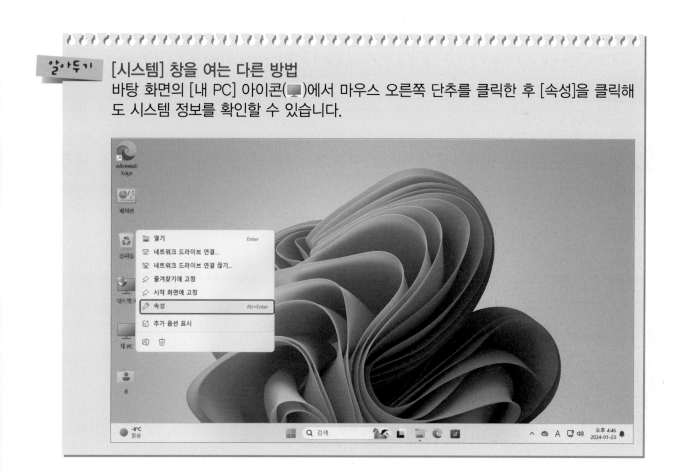

01 바탕 화면의 [내 PC] 아이콘(🖥)을 더블 클릭합니다. 또는 작업 표시줄의 [파일 탐색기] 아이콘(📁)을 클릭하고 탐색 창의 [내 PC]를 클릭합니다. [내 PC] 창에서 로컬 디스크의 총 용량과 현재 사용할 수 있는 용량을 확인할 수 있습니다.

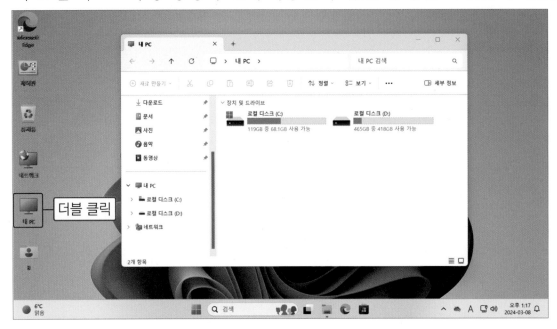

알아두기 로컬 디스크(C)는 운영체제(Windows)가 설치되어 있는 드라이브입니다.

02 로컬 디스크 드라이브를 마우스 오른쪽 단추로 클릭하고 [속성]을 클릭합니다.

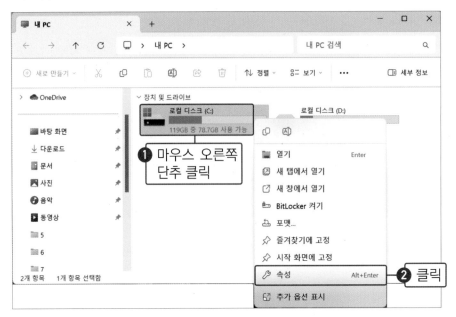

03 [로컬 디스크 속성] 대화상자에서 더 자세히 확인할 수 있습니다. [확인] 단추를 클릭합니다.

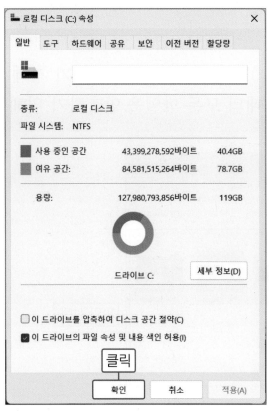

로컬 디스크뿐만 아니라 파일이나 폴더에서 마우스 오른쪽 단추를 클릭하고 [속성]을 클릭하면 해당 파일이나 폴더의 크기, 속성 등을 확인할 수 있습니다.

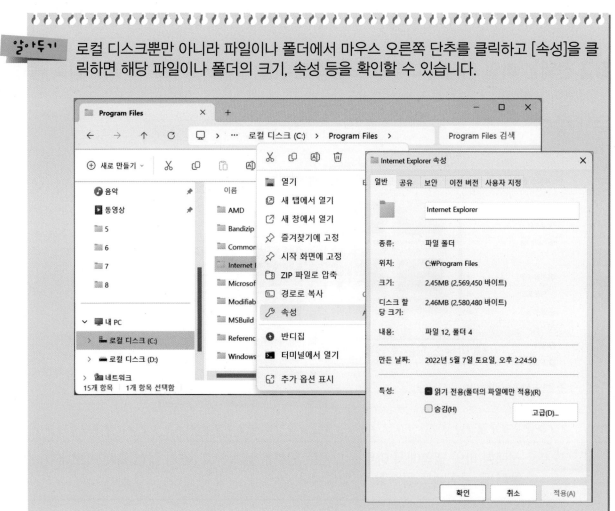

03 여러 파일을 압축하여 관리해 보자

💬 파일 압축하기

01 작업 표시줄의 [파일 탐색기] 아이콘(⬛)을 클릭하고 파일 탐색기 창에서 압축할 파일이 있는 폴더를 엽니다. 폴더 내의 모든 파일을 압축하기 위해 드래그하여 모두 선택합니다.

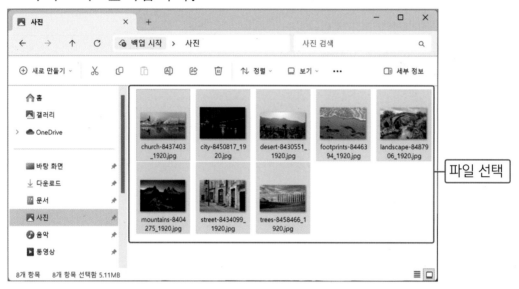

02 선택한 파일 위에서 마우스 오른쪽 단추를 클릭하고 [ZIP 파일로 압축]을 클릭합니다.

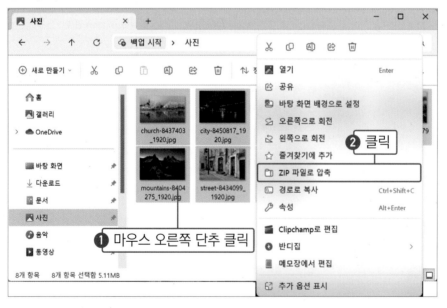

> **알아두기** 선택한 파일 영역에서 마우스 오른쪽 단추를 클릭하고 [추가 옵션 표시]-[보내기]-[압축 폴더]를 클릭해도 압축할 수 있습니다.

03 압축 파일이 만들어지고 이름을 입력할 수 있는 상태가 됩니다. '압축연습'
이라고 파일 이름을 입력하고 Enter 키를 누릅니다.

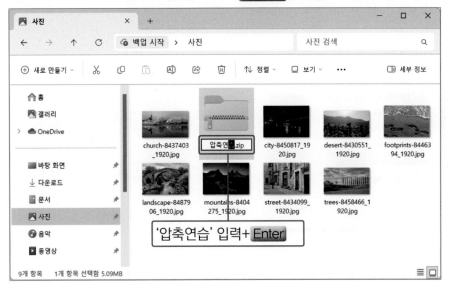

04 [압축연습.zip] 파일을 더블 클릭하여 실행합니다.

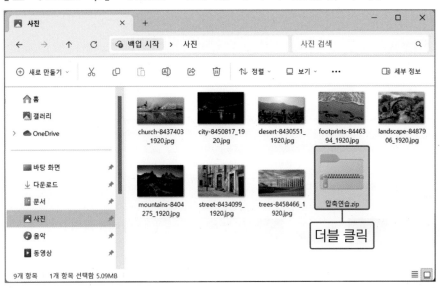

05 [압축연습.zip] 압축 파일 안에 포함된 파일을 확인할 수 있습니다.

06 [뒤로] 단추(←)를 클릭하면 압축 파일이 있던 폴더로 돌아옵니다.

💬 파일 압축 풀기

01 [압축연습.zip] 파일을 마우스 오른쪽 단추로 클릭하고 [압축 풀기]를 클릭합니다.

02 [압축(Zip) 폴더 풀기] 대화상자가 나타납니다. [압축 풀기] 단추를 클릭합니다.

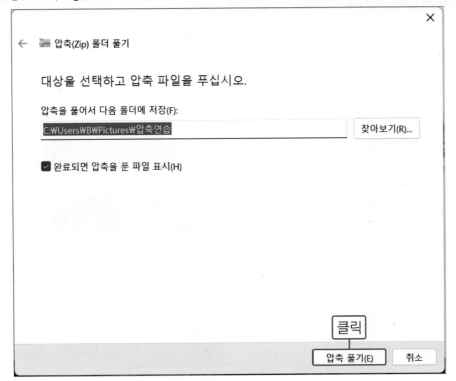

03 [압축연습] 폴더가 만들어집니다. 압축했던 파일들이 해당 폴더에 해제된 것을 확인할 수 있습니다.

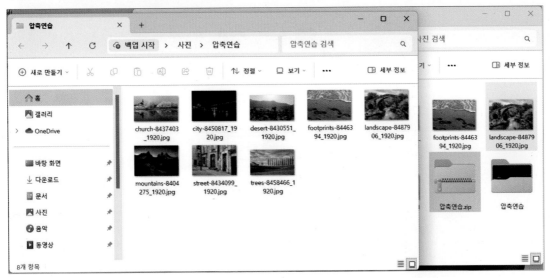

01 작업 표시줄의 [검색]란을 클릭합니다.

알아두기 작업 표시줄의 [시작] 단추(■)를 클릭하고 [앱, 설정 및 문서 검색]란을 클릭해도 됩니다.

02 '압축'을 입력하면 컴퓨터와 웹 사이트 등에서 '압축'과 관련된 파일과 폴더, 사이트들이 검색되어 표시됩니다. 목록에서 [압축연습] 파일 폴더를 클릭합니다.

03 [압축연습] 창이 나타납니다. 확인하고 [닫기] 단추(×)를 클릭하여 창을 닫습니다.

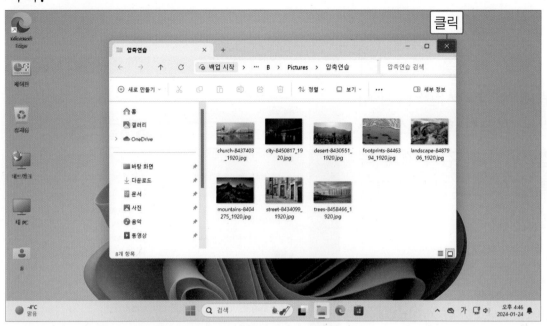

[파일 탐색기] 창의 검색란에 검색어를 입력하면 해당 폴더 안에서 검색어에 맞는 데이터를 찾아줍니다.

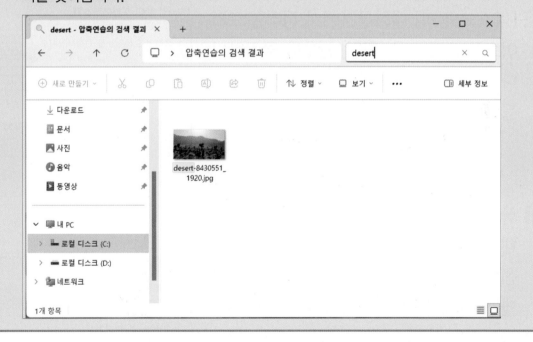

05 디스크 정리 및 드라이브 최적화를 해보자

💬 디스크 정리

01 디스크 공간을 확보하기 위해 작업 표시줄의 [검색] 란을 클릭한 후 '디스크'를 입력합니다. 검색 결과 목록 중 [디스크 정리]를 클릭합니다.

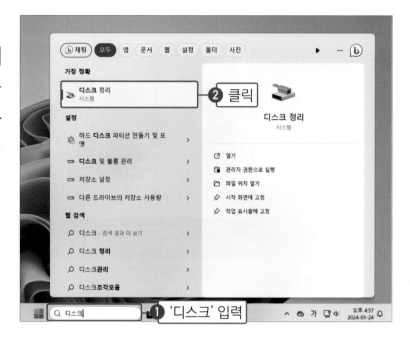

02 [디스크 정리] 대화상자에서 정리할 드라이브를 선택한 후 [확인] 단추를 클릭합니다. 삭제할 파일을 계산하는 과정이 진행됩니다.

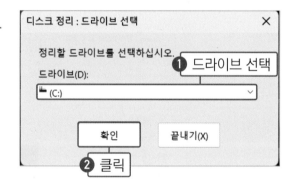

03 삭제할 파일을 선택하는 [디스크 정리] 대화상자가 나타납니다. 삭제할 파일을 선택한 후 [확인] 단추를 클릭하면 파일 영구 삭제를 묻는 대화상자가 나타납니다. [파일 삭제] 단추를 클릭합니다.

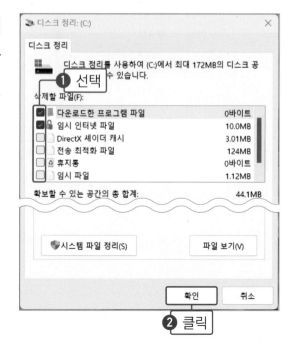

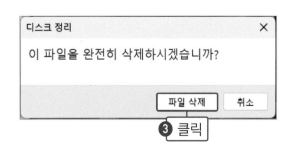

04 디스크 정리가 진행됩니다. 정리가 완
료되면 대화상자가 사라집니다.

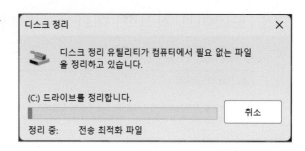

💬 드라이브 최적화

01 드라이브를 최적화하면 컴퓨터를 좀 더 효율적으로 운영할 수 있습니다.
[내 PC] 창에서 로컬 디스크를 마우스 오른쪽 단추로 클릭하고 [속성]을 클릭
합니다.

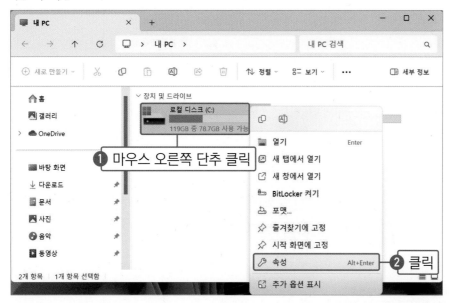

02 [로컬 디스크 속성] 대화상자가 나타나면
[도구] 탭을 클릭하고 [최적화] 단추를 클
릭합니다.

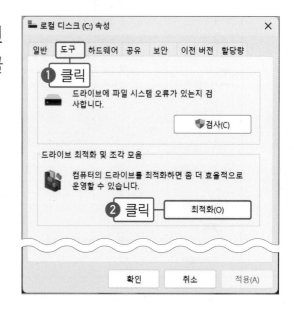

03 [드라이브 최적화] 대화상자가 나타납니다. 드라이브를 선택하고 [최적화] 단추를 클릭합니다.

04 최적화가 진행됩니다. 최적화가 완료되면 [닫기] 단추를 클릭하고 [로컬 디스크 속성] 대화상자에서 [확인] 단추를 클릭합니다.

1 앞에서 연습한 [압축연습.zip] 파일과 [압축연습] 폴더의 용량을 각각 확인하여 파일을 압축하면 용량이 줄어드는 것을 확인해 봅니다.

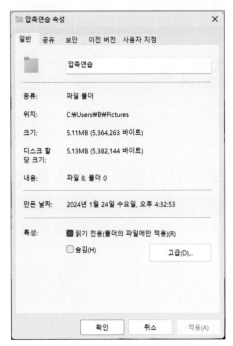

2 검색 기능을 활용하여 [시스템] 대화상자를 열어봅니다.

09 다양한 기능 활용하기

01 캡처 도구로 현재 화면을 저장해 보자

💬 캡처 도구 실행하기

01 작업 표시줄의 [시작] 단추(⊞)를 클릭하고 [모든 앱]–[캡처 도구]를 클릭합니다.

02 [캡처 도구]가 나타납니다.

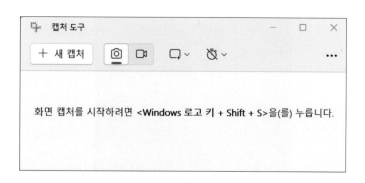

알아두기 단축키를 이용해 캡처를 진행할 수도 있습니다. 단축키는 윈도우 로고 (⊞) 키+ Shift + S 키를 누르면 실행할 수 있습니다.

💬 창 캡처하기

01 작업 표시줄에서 [Microsoft Edge] 아이콘(💽)을 클릭합니다. [캡처 도구] 창을 선택하여 활성화하고 [창(▢)] 모드로 설정한 후 [새 캡처]를 클릭합니다.

02 마우스 포인터를 엣지 창으로 이동하여 엣지 창이 밝게 표시되면 클릭합니다. 이때 나머지 영역은 어둡게 표시됩니다.

알아두기 캡처 도구 옵션
- 직사각형 모드 : 직사각형으로 캡처합니다.
- 창 모드 : 실행되어 있는 창을 선택해서 캡처합니다.
- 전체 화면 모드 : 현재 윈도우 화면 전체를 캡처합니다.
- 자유형 모드 : 사용자가 드래그하는 모양대로 캡처합니다.

03 캡처된 이미지가 표시됩니다. 이미지를 파일로 저장하기 위해 [다른 이름으로 저장(💾)]을 클릭합니다.

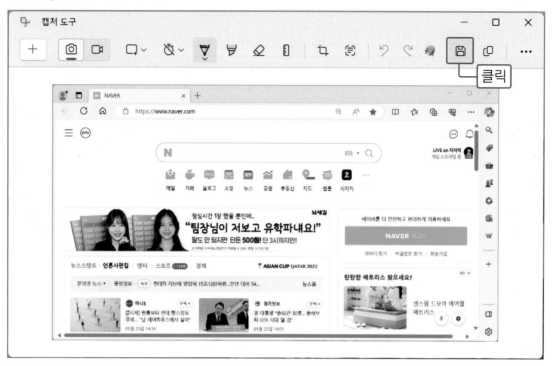

04 [다른 이름으로 저장] 대화상자가 나타나면 파일 이름을 입력하고 [저장] 단추를 클릭합니다.

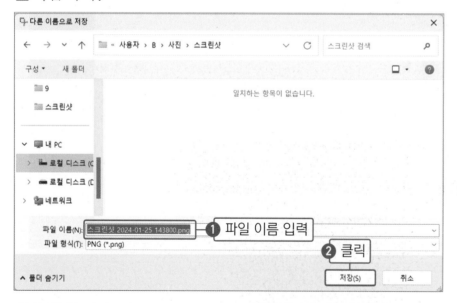

알아두기 저장 경로와 파일 이름을 변경할 수 있습니다. 기본 경로는 [사진]–[스크린샷] 폴더입니다.

💬 사각형 모양으로 캡처하기

01 엣지를 활성화합니다. 검색 사이트에서 '북한산 둘레길'을 검색한 후 결과가 나오면 공식 사이트를 클릭합니다.

02 캡처 도구를 활성화한 후 [직사각형(□)] 모드를 설정하고 [새 캡처]를 클릭합니다.

03 캡처할 부분을 드래그합니다.

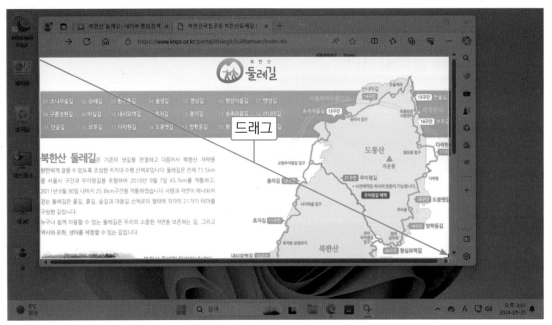

04 드래그한 영역이 캡처됩니다. [형광펜(🖍)]에서 색상과 크기를 설정한 후 그림과 같이 이미지에서 강조할 부분을 드래그합니다.

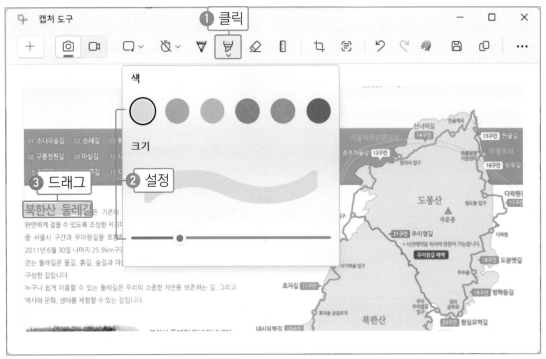

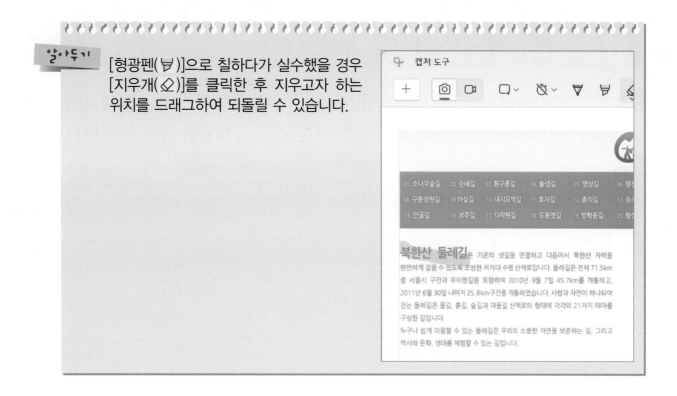

알아두기 [형광펜(∀)]으로 칠하다가 실수했을 경우 [지우개(◊)]를 클릭한 후 지우고자 하는 위치를 드래그하여 되돌릴 수 있습니다.

05 [다른 이름으로 저장(⊟)]을 클릭합니다. [다른 이름으로 저장] 대화상자의 [파일이름]에 '북한산'을 입력하고 [저장] 단추를 클릭합니다.

02 사진 뷰어로 사진을 감상해 보자

01 작업 표시줄의 [파일 탐색기] 아이콘(▣)을 클릭합니다. [파일 탐색기] 창에서 [사진]–[스크린샷] 폴더로 이동하고 [북한산.png] 파일을 더블 클릭합니다.

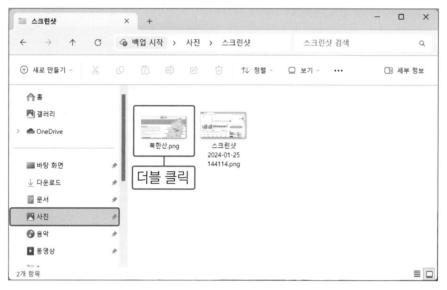

02 [사진] 앱으로 선택한 이미지가 열립니다. [확대(⊕)]를 클릭합니다.

03 이미지 크기가 확대됩니다.

알아두기 화면상 확대되는 것이지 실제 크기가 변하는 것은 아닙니다.

04 [확대/축소하여 크기 맞춤(▣)]을 클릭합니다.

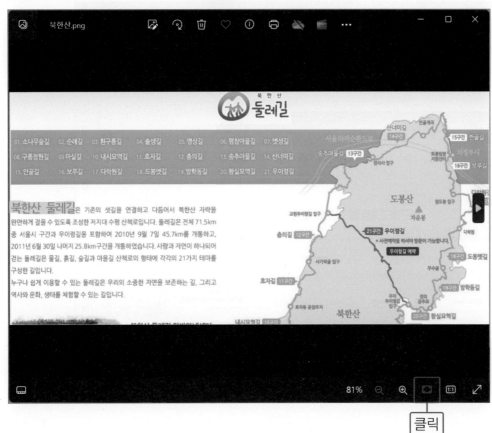

클릭

05 창에 맞춰 이미지 전체가 표시됩니다. [다음(오른쪽 화살표)] 단추(▶)를 클릭합니다.

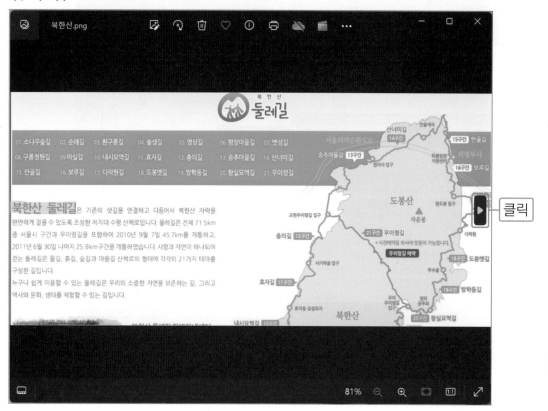

06 다음 이미지가 표시됩니다. 이미지를 삭제하기 위해 [삭제(🗑)]를 클릭합니다.

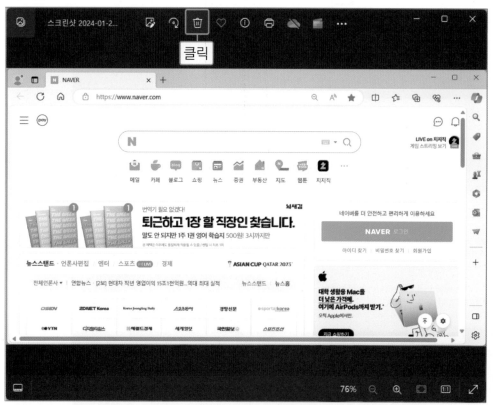

07 [이 파일을 삭제할까요?] 대화상자가 나타나면 [삭제] 단추를 클릭합니다.

08 [파일 탐색기] 창을 통해 파일이 삭제된 것을 확인할 수 있습니다.

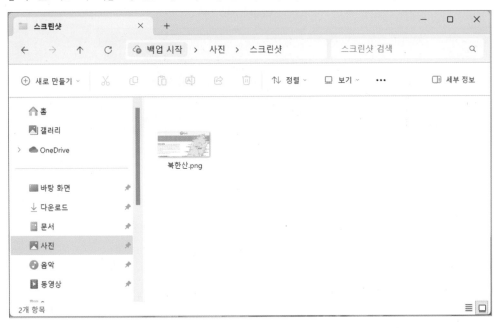

알아두기 기본적으로 [사진] 프로그램은 'jpg', 'png' 확장자를 가진 이미지를 더블 클릭하면 실행되며 'tif' 확장자는 [Windows 사진 뷰어]로 실행됩니다. 'tif' 확장자를 [사진], [그림판]으로 열고 싶은 경우 파일에서 마우스 오른쪽 단추를 클릭하고 바로 가기 메뉴에서 프로그램을 선택하면 됩니다.

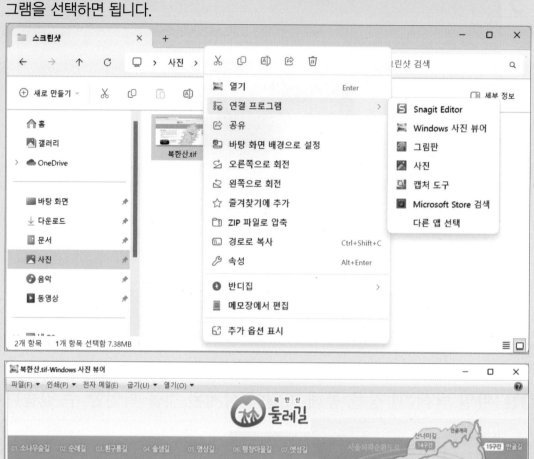

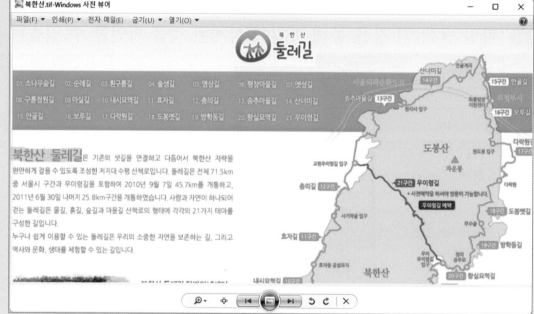

▲ [Windows 사진 뷰어]에서 열린 TIF 이미지

03 그림판으로 이미지를 편집해 보자

💬 그림판 실행하기

01 작업 표시줄의 [시작] 단추(⊞)를 클릭하고 [모든 앱]–[그림판]을 클릭합니다.

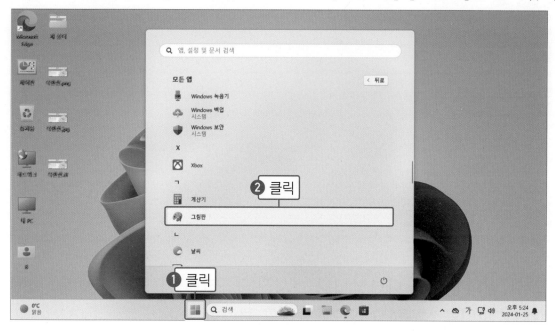

02 [그림판]이 실행됩니다. 그림판은 그림을 그리거나 이미지를 편집할 수 있는 그래픽 프로그램입니다.

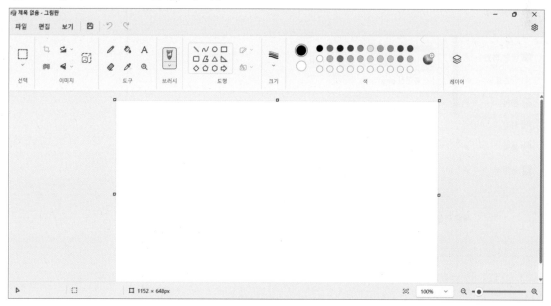

💬 이미지 불러오기

01 메뉴에서 [파일]-[열기]를 클릭합니다.

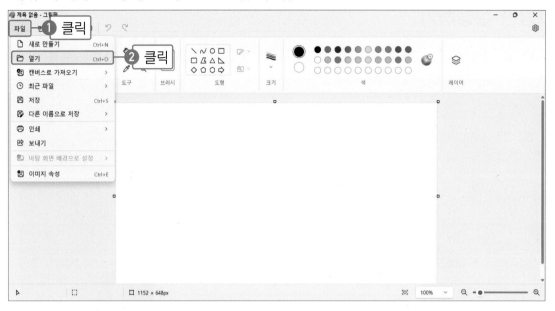

02 [열기] 대화상자가 나타납니다. [사진]-[스크린샷] 폴더로 이동하여 [북한산.png] 파일을 선택하고 [열기] 단추를 클릭합니다.

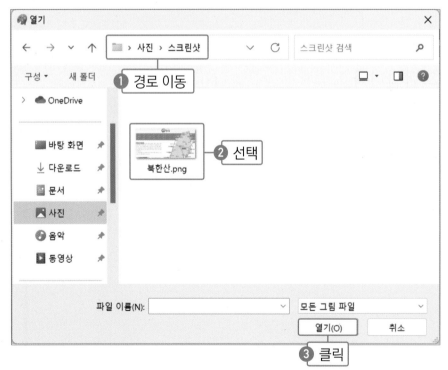

03 [그림판]에 선택한 사진이 나타납니다.

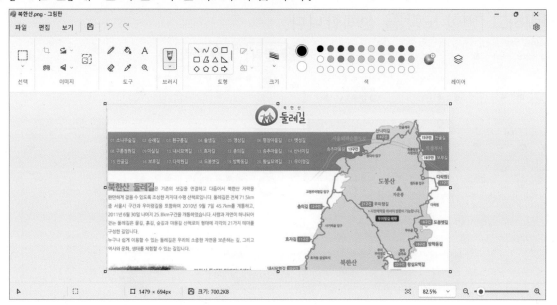

💬 이미지 꾸미기

01 상단 [도형] 그룹의 도형 목록에서 [타원형 설명선(♡)]를 클릭합니다.

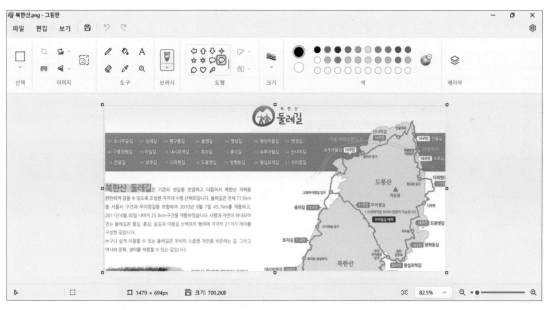

02 [색] 그룹에서 [색 1]을 클릭하고 [진한 빨강]을 선택합니다. 이어서 [색 2]를 클릭하고 [연한 노랑]을 선택합니다.

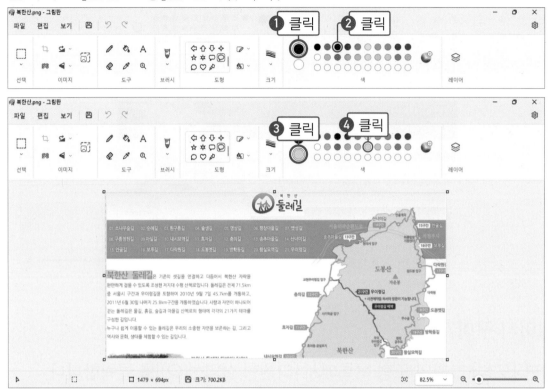

알아두기 　도형을 그릴 때 도형 윤곽선의 색(색 1)과 도형을 채우는 색(색 2)을 지정하는 것입니다.

03 [크기]를 클릭하고 [5px]을 선택합니다.

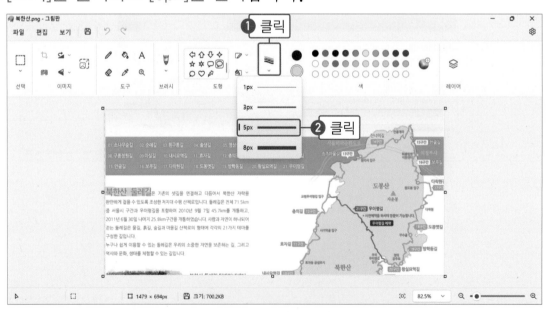

알아두기 　도형 윤곽선의 두께를 설정하는 것입니다.

04 [도형 채우기]를 클릭하고 [크레용]을 선택합니다.

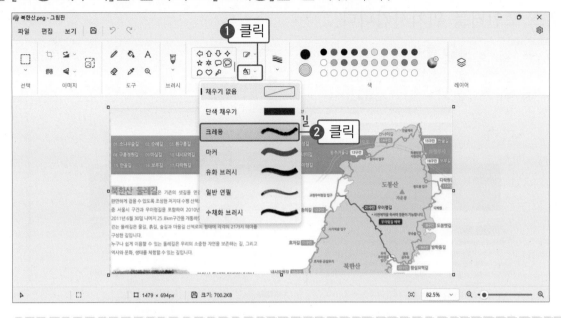

도형 채우기의 질감을 선택하는 것입니다.

05 이미지에서 마우스로 드래그하면 타원 모양 설명 상자가 설정한 조건에 맞게 그려집니다.

06 [도구] 그룹의 [텍스트(A)]를 클릭합니다. 타원영 설명선 위에서 클릭하여 마우스 포인터를 위치시킵니다.

07 '1번 코스!'라고 입력합니다. 입력한 글자를 편집하기 위해 드래그하여 선택합니다.

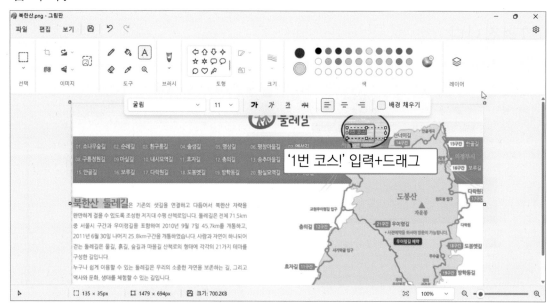

08 [글꼴 패밀리(굴림 ∨)]의 확장 단추(∨)를 클릭하여 [바탕] 글꼴을 선택합니다. 글자가 바탕 글꼴로 변경됩니다.

09 [글꼴 크기(11 ∨)]의 확장 단추(∨)를 클릭하여 [24] 포인트를 선택합니다.

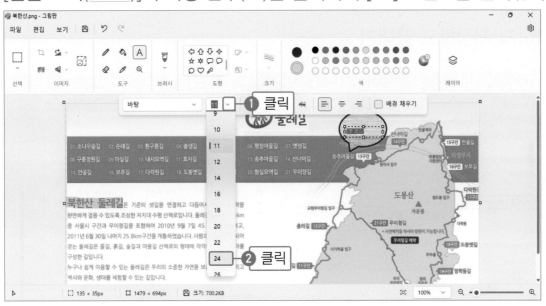

10 글꼴이 커집니다. 글자를 타원형 설명선의 중앙에 배치하기 위해 텍스트 상자의 테두리로 마우스 포인트를 가져가 ✥ 모양일 때 드래그하여 위치를 조절합니다.

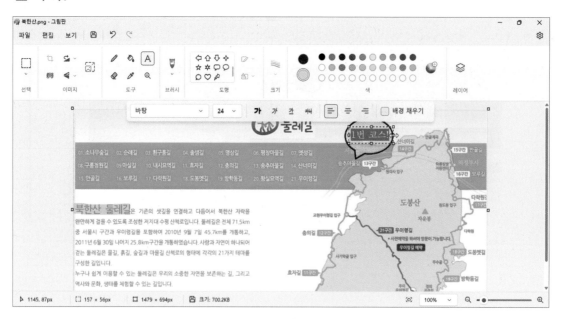

💬 이미지 저장하고 끝내기

01 메뉴에서 [파일]을 클릭하고 [다른 이름으로 저장]–[JPEG 그림]을 클릭합니다.

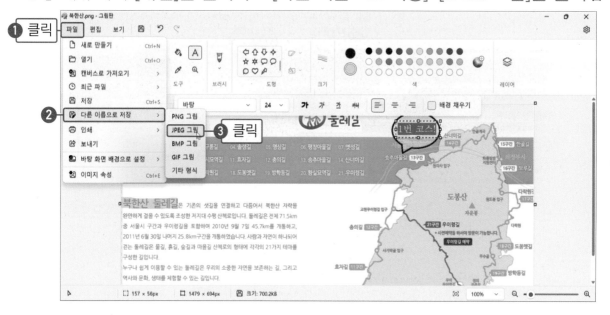

02 [다른 이름으로 저장] 대화상자가 나타납니다. [파일 이름]에 '북한산 장식'
이라고 입력하고 [저장] 단추를 클릭합니다.

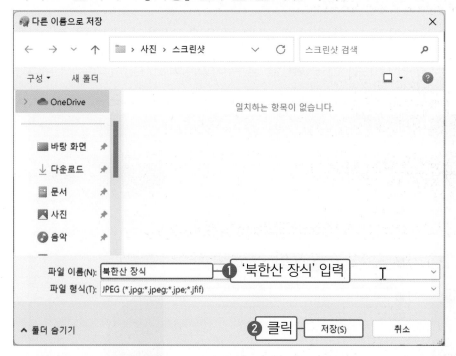

알아두기 JPEG 파일 형식은 웹이나 저장용도로 널리 사용되는 이미지 형식으로, 일반적으로 우수
한 품질과 상대적으로 적은 파일 용량을 제공합니다.

03 [그림판]의 [닫기] 단추(×)를 클릭하여 그림판을 종료합니다.

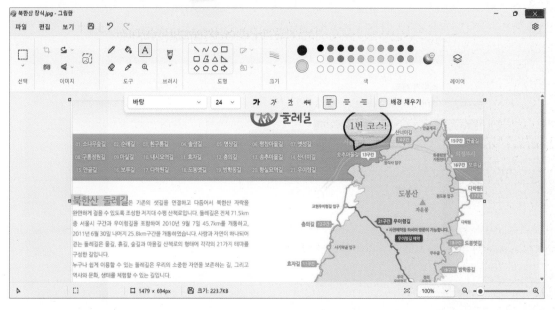

01 스티커 메모는 포스트잇처럼 간단하게 메모 내용을 입력하여 바탕 화면에 보여
줍니다. 작업 표시줄의 [시작] 단추(⊞)를 클릭하고 [모든 앱]-[스티커 메모]를 클
릭합니다.

02 바탕 화면에 [스티커 메모]가 실행되면 '메모를 작성하세요...'를 더블 클릭하
거나 작업 표시줄의 스티커 메모에서 노란색 바탕의 스티커 메모를 선택합
니다.

03 작성할 내용을 입력한 후 아래 옵션에서 [굵게(**B**)], [기울임꼴(*I*)], [밑줄(U)] 등을
적용해 봅니다. 스티커 색상을 변경하기 위해 ⋯를 클릭합니다.

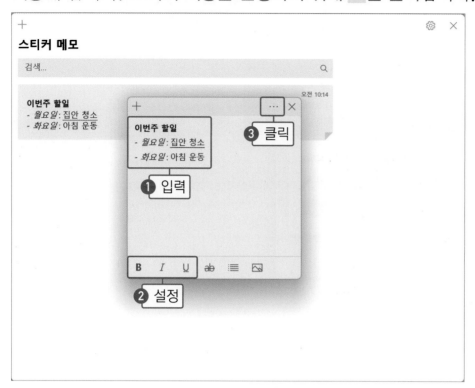

04 변경할 바탕 색상을 클릭하면 색상이 적용되고 메모 화면으로 돌아옵니다.

05 스티커 메모에서 ⋯를 클릭하고 🗑 메모 삭제를 클릭하면 '이 메모를 삭제하시겠습니까?' 대화상자가 나타나고 [삭제] 단추를 클릭하면 메모가 삭제됩니다.

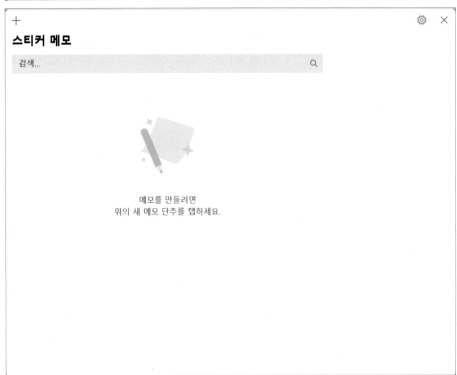

그 밖의 윈도우 편의 기능 알아보기

1. 화면 일부를 확대해서 보여주는 [돋보기] 기능

[시작(■)]−[설정]−[접근성]−
[돋보기]에서 [돋보기]를 [켬]으
로 설정합니다. 돋보기 대화상
자에서 [+], [−]를 이용해 화면
을 확대/축소할 수 있습니다.

2. 계산이 필요할 때 유용한 [계산기] 기능

[시작(■)]−[모든 앱]−[계산기]를 실행합니다. 실제 계산기를 사용하는 것과 같은 방법으
로 마우스 포인터를 이용해 각 키를 클릭하거나 키보드의 숫자키를 눌러 계산할 수 있습
니다. 메뉴(≡)를 클릭하면 다양한 종류의 계산기를 선택할 수도 있습니다.

3. 집중이 필요할 때 유용한 [시계] 기능

일을 할 때 집중이 필요하다면 시계 기능의 [집중 세션]을 이용하여 집중 시간을 설정할
수 있고 [타이머], [알람], [스톱워치] 기능을 이용해 시간을 관리할 수도 있습니다.

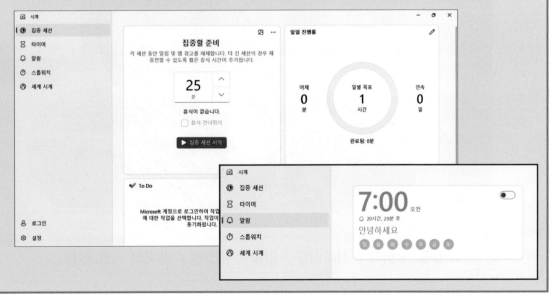

활용마당

① [남산서울타워] 사이트를 방문하여 [남산서울타워 소개] 페이지에서 그림과 같이 이미지를 캡처한 후 그림판에서 별 도형을 그려 [사진] 폴더에 [남산타워와 별.PNG]로 저장해 봅니다.

[서식 설정] – 도형 : 4점 별, 5점 별, 6점 별 / 색1 : 노랑, 주황. 다홍, 연한 옥색 / 도형 채우기 : 채우기 없음 / 크기 : 1px

② 스티커 메모에서 주간 일정을 작성하고 중요 일정이나 지난 일정은 취소 처리를 해봅니다.

[서식 설정] – 굵게 / 기울임꼴 / 밑줄 / 취소선 / 글머리 기호 전환

USB 메모리 사용하기

01 USB 메모리를 사용해 보자

💬 USB란?

USB란 컴퓨터와 같은 기기에 주변 장치를 연결하여 자료를 주고받을 수 있는 규격 중 하나입니다. USB 메모리는 휴대용 기억 장치 중 하나로 컴퓨터의 USB 단자에 꽂으면 외부 기억 장치로 인식되어 손쉽게 이용할 수 있습니다.

💬 USB 메모리 연결하기

01 USB 메모리를 준비합니다.

알아두기 USB 메모리의 형태

캡형 : 뚜껑을 열어 사용합니다.	스윙형 : 본체를 회전시켜 사용합니다.	슬라이드형 : 본체를 밀어서 사용합니다.

02 USB 메모리를 컴퓨터 본체의 USB 포트에 연결합니다.

알아두기 본체에는 일반적으로 앞쪽이나 위쪽, 뒤쪽 등에 여러 개의 USB 포트가 있습니다. 어느 포트를 사용해도 관계없습니다. 앞쪽(위쪽) 연결 시 접속이 불안정하면 본체 뒤쪽에 연결해 주세요.

03 작업 표시줄의 [파일 탐색기] 아이콘(📁)을 클릭합니다.

04 [파일 탐색기]의 탐색 창 목록에서 [컴퓨터] 아래에 USB 메모리가 연결된 것을 확인합니다. 작업 표시줄 알림 영역에도 USB 메모리 아이콘이 생성됩니다.

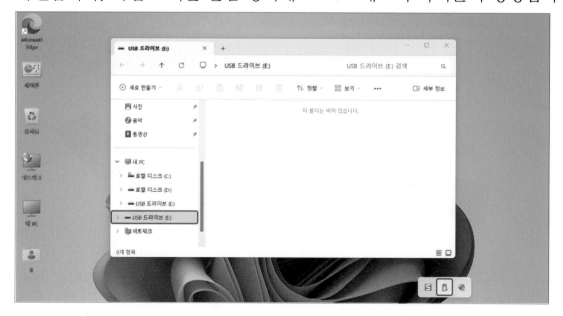

💬 USB 드라이브 용량 확인하기

01 [파일 탐색기]의 탐색 창 목록에서 USB 메모리를 마우스 오른쪽 단추로 클릭하고 [속성]을 클릭합니다.

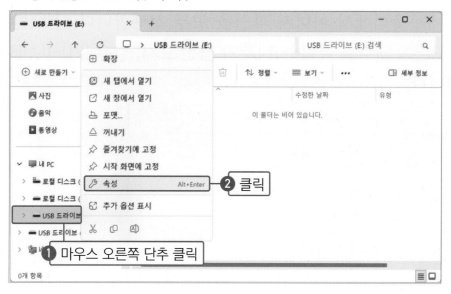

02 [USB 드라이브 속성] 대화상자가 나타납니다. 총 용량과 사용 중인 공간, 여유 공간 등을 확인하고 [확인] 단추를 클릭합니다.

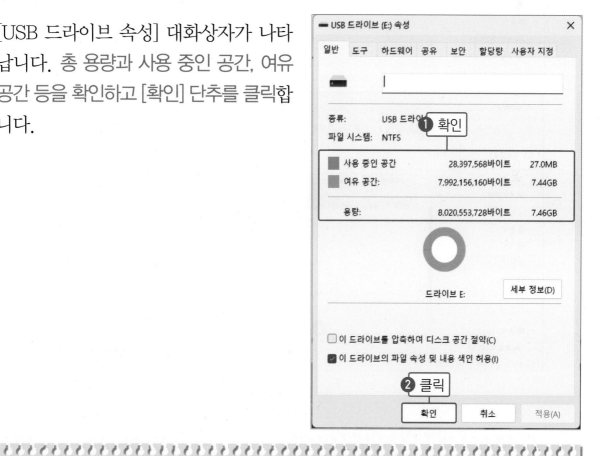

> **알아두기** USB 메모리 용량은 2GB, 4GB, 16GB, 32GB, 64GB, 128GB, 256GB, 512GB, 1TB 등이 있습니다. 만약 용량을 거의 다 사용해서 사용 중인 공간이 얼마 남지 않았을 경우에는 다른 USB 메모리를 사용하거나 저장된 데이터를 삭제해야 합니다. 또는 데이터를 모두 삭제해도 된다면 USB 메모리의 바로 가기 메뉴에서 [포맷]을 클릭하여 메모리를 초기화할 수도 있습니다.

[방법-1]

01 [사진]-[스크린샷] 폴더에서 이미지 파일을 모두 선택합니다. 선택한 파일 위에서 마우스 오른쪽 단추를 클릭하고 [추가 옵션 표시]-[보내기]-[USB 드라이브]를 클릭합니다.

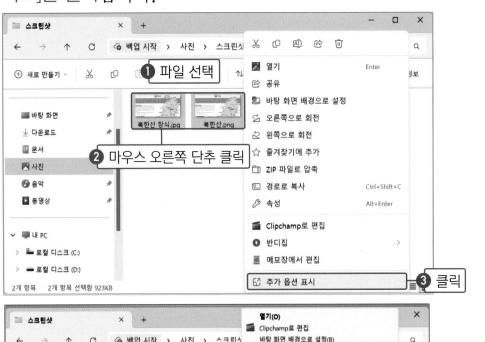

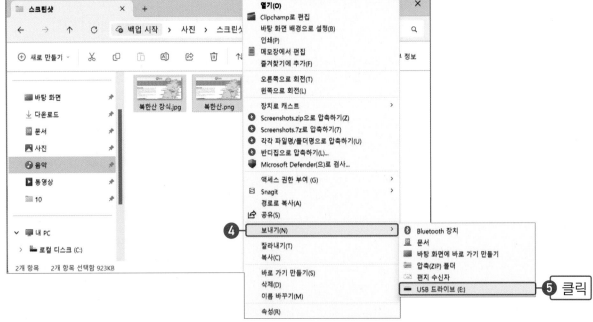

알아두기 여러 파일을 한 번에 선택하려면 모두 포함되게 마우스 포인터로 드래그하거나 첫 번째 파일을 선택하고 Shift 키를 누른 채 마지막 파일을 클릭합니다.

02 파일이 복사됩니다. [파일 탐색기]의 탐색 창 목록에서 USB 메모리를 클릭하여 복사된 파일을 확인합니다.

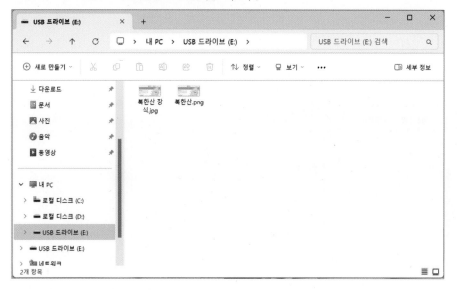

[방법-2]

01 [파일 탐색기]에서 파일을 복사할 폴더로 이동하여 파일을 선택한 후 마우스 오른쪽 단추를 클릭하고 [복사(⧉)]를 클릭합니다.

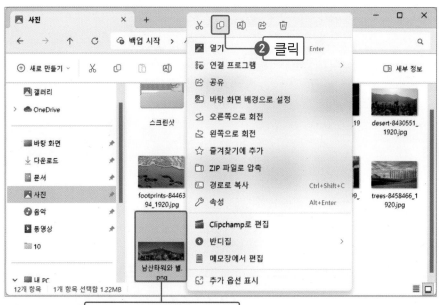

02 USB 메모리로 이동합니다. 내용 창의 빈 영역에서 마우스 오른쪽 단추를 클릭하고 [붙여넣기🗋]를 클릭합니다.

03 파일이 붙여넣기 됩니다. 이처럼 USB 메모리에서는 일반 폴더처럼 파일 복사/붙여넣기/잘라내기/삭제 등의 작업을 수행할 수 있습니다.

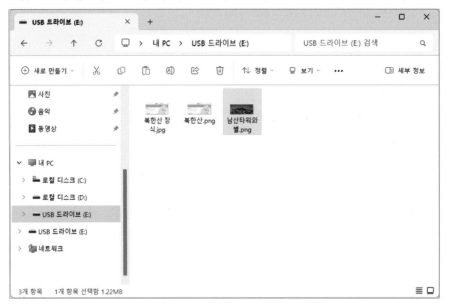

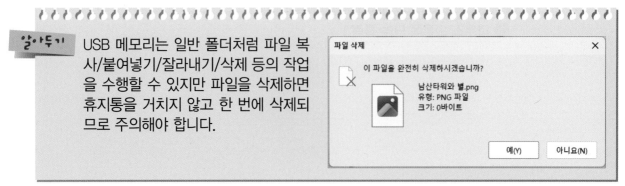

USB 메모리는 일반 폴더처럼 파일 복사/붙여넣기/잘라내기/삭제 등의 작업을 수행할 수 있지만 파일을 삭제하면 휴지통을 거치지 않고 한 번에 삭제되므로 주의해야 합니다.

03 USB 메모리의 연결을 해제해 보자

[방법1]

01 [파일 탐색기]의 탐색 창 목록에서 USB 메모리를 마우스 오른쪽 단추로 클릭하고 [꺼내기]를 클릭합니다.

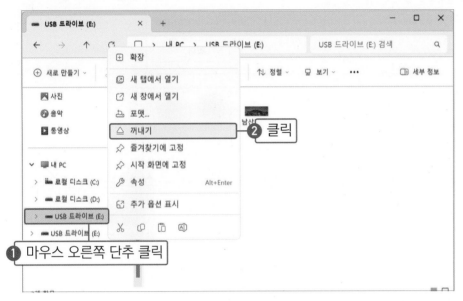

02 작업 표시줄의 알림 영역에 [하드웨어 안전 제거] 대화상자가 나타나면 안전하게 USB 메모리의 연결히 해제된 것입니다. 이제 USB 메모리를 컴퓨터에서 분리해도 됩니다.

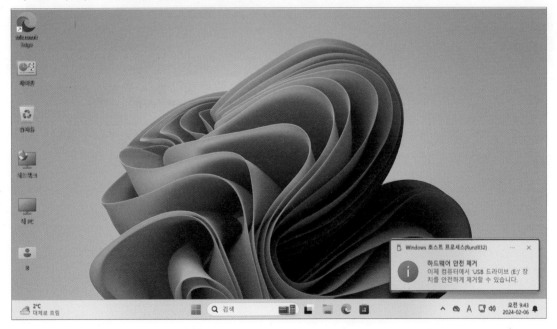

USB 메모리 안의 데이터를 사용 중일 때 연결을 해제하려고 하면 그림과 같은 경고 대화상자가 나타납니다. [확인] 단추를 클릭한 후 사용 중이던 파일을 닫고 다시 연결을 해제합니다.

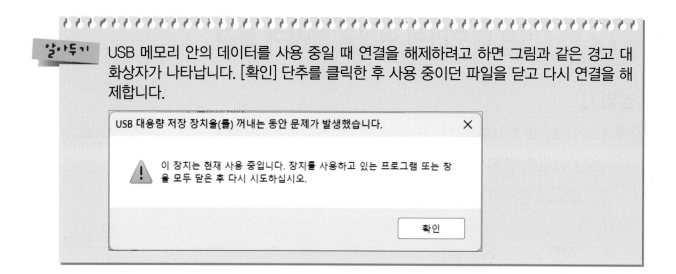

[방법2]

01 작업 표시줄 알림 영역에서 USB 메모리 아이콘을 마우스 오른쪽 단추로 클릭하고 [USB 꺼내기]를 클릭합니다.

1 [메모장]을 실행하여 그림과 같이 내용을 입력한 후 USB 메모리에 [연습.txt] 파일로 저장해 봅니다.

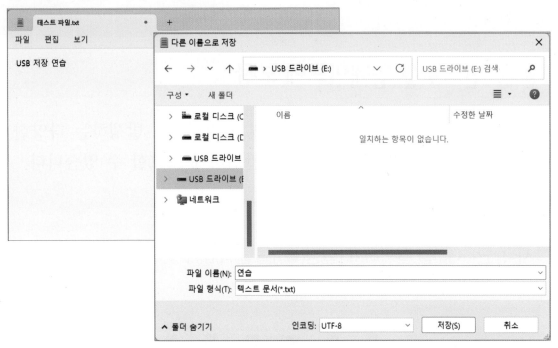

2 USB 메모리에 저장한 [연습.txt] 파일을 컴퓨터의 바탕 화면으로 복사해 봅니다.

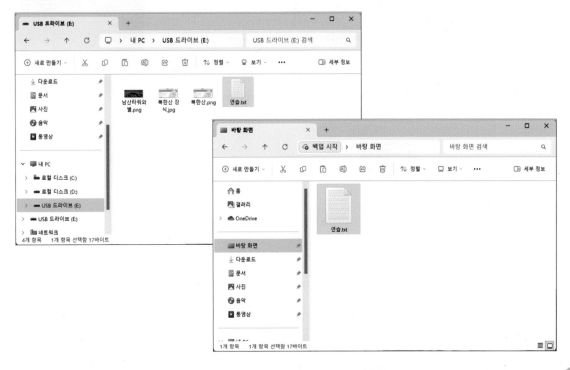

11 윈도우 관리하기

01 윈도우를 업데이트해 보자

윈도우에 대한 최신 업데이트를 설치하면 인터넷에서 발생하는 다양한 위협으로부터 사용자의 개인 정보와 컴퓨터를 안전하게 보호할 수 있습니다.

💬 윈도우 업데이트하기

01 [시작] 단추(■)를 클릭하고 [설정(⚙)]을 클릭합니다. [설정] 대화상자에서 [Windows 업데이트]를 클릭합니다.

02 Windows 업데이트 대화상자에서 [업데이트 확인] 단추를 클릭합니다.

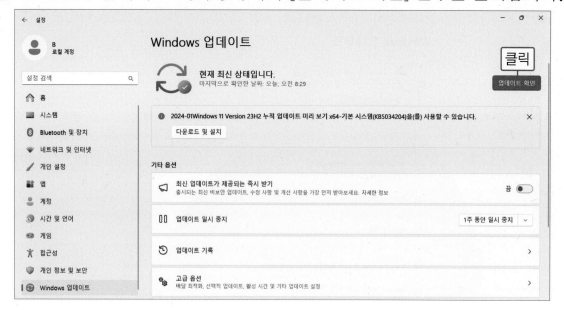

03 윈도우의 최신 업데이트를 확인합니다.

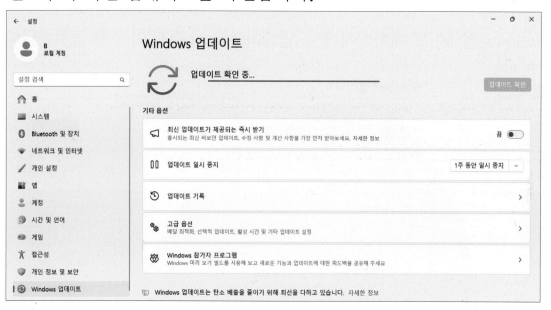

04 설치할 업데이트가 확인되면 업데이트가 진행됩니다.

💬 윈도우 업데이트 일시 중지하기

01 Windows 업데이트 대화상자에서 [업데이트 일시 중지]의 ˅를 클릭합니다.

02 업데이트를 일시 중지할 [1주~5주 일시 중지] 중 선택하면 됩니다.

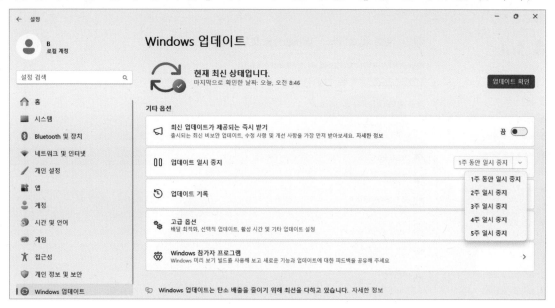

02 Windows Defender 보안 센터 사용하기

💬 Windows Defender 보안 센터 시작하기

01 [시작] 단추(⊞)를 클릭하고 [설정⚙]을 클릭합니다. [설정] 대화상자에서 [개인 정보 및 보안]-[Windows 보안]을 클릭합니다.

02 [Windows 보안 열기]를 클릭합니다.

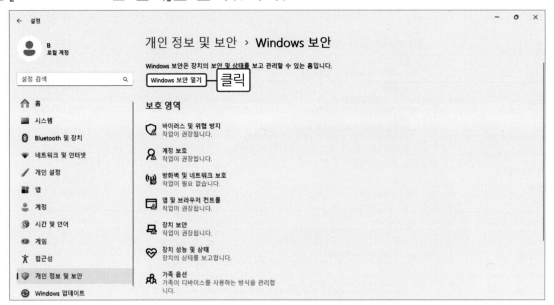

03 [윈도우 보안] 대화상자가 나타나면 [바이러스 및 위협 방지]를 클릭합니다.

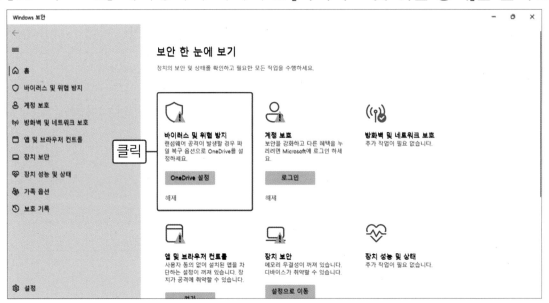

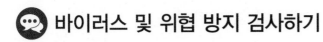 바이러스 및 위협 방지 검사하기

01 [바이러스 및 위협 방지]에서 [빠른 검사] 단추를 클릭합니다.

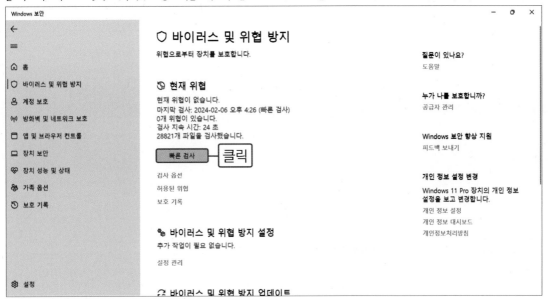

02 검사가 진행됩니다. 파일 개수에 따라 검사 시간이 달라질 수 있습니다.

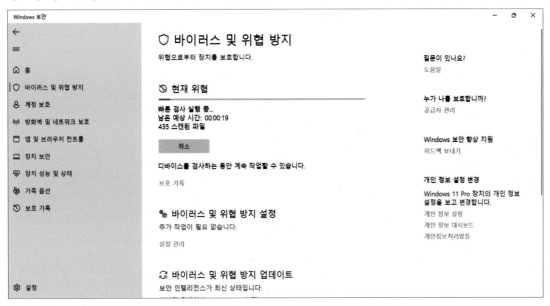

03 검사가 완료되면 위협이 있는 파일의 개수가 표시됩니다.

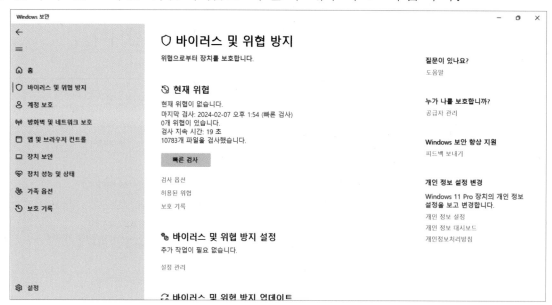

💬 바이러스 및 위협 방지 설정과 업데이트 하기

01 [바이러스 및 위협 방지]에서 [바이러스 및 위협 방지 설정]의 [설정 관리]를 클릭합니다.

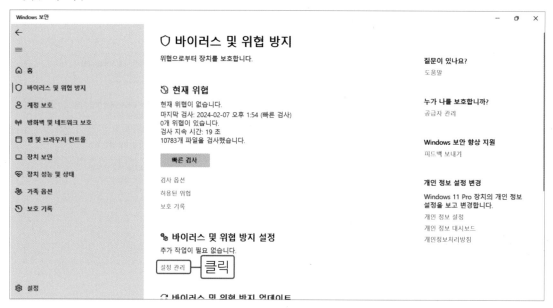

02 [실시간 보호 기능]이 꺼져 있으면 실시간으로 맬웨어(유해한 프로그램) 검색이 중지됩니다. 윈도우 보호를 위해 항상 [켬]으로 설정합니다. ←를 클릭해 이전 페이지로 이동합니다.

03 [바이러스 및 위협 방지]에서 [바이러스 및 위협 방지 업데이트]의 [보호 업데이트]를 클릭합니다.

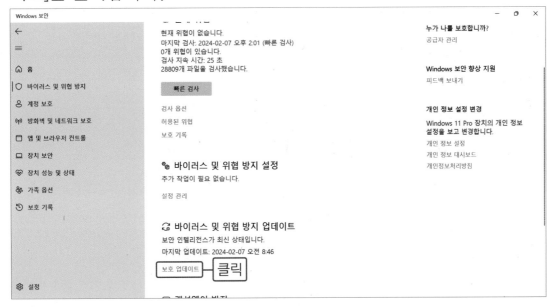

04 [보호 업데이트]에서 [업데이트 확인] 단추를 클릭하면 업데이트를 진행하고 완료되면 [업데이트 성공]이 나타납니다.

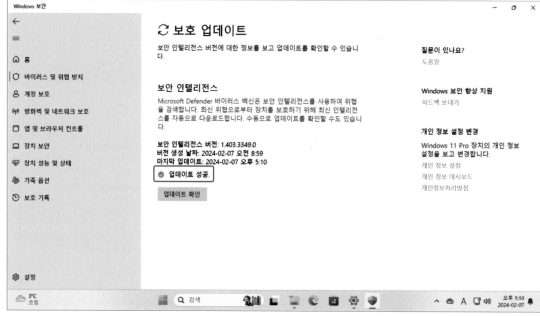

💬 앱 및 브라우저 컨트롤 켜기

01 [앱 및 브라우저 컨트롤]은 윈도우에 설치된 프로그램이나 악성 사이트에서 윈도우를 보호해 줍니다. 윈도우를 처음 설치했다면 켜주는 것이 좋습니다. [Windows 보안] 대화상자에서 왼쪽 [홈]을 클릭한 후 [앱 및 브라우저 컨트롤]의 [켜기] 단추를 클릭합니다.

02 [이 앱이 디바이스를 변경할 수 있도록 허용하시겠어요?] 대화상자가 나타나면 [예] 단추를 클릭합니다. 녹색 아이콘으로 바뀌면서 설정이 완료됩니다. 보안에서 느낌표 아이콘은 안전 권장 사항이 있다는 것을 의미하며 확인 후 설정 여부를 진행합니다.

💬 시스템 백업하기

01 작업 표시줄의 [검색]란에 '복원지점만들기'를 검색한 후 클릭합니다. 또는 [내 PC]에서 마우스 오른쪽 단추 클릭 후 [속성]을 클릭하고 관련 링크인 [시스템 보호]를 클릭합니다.

02 [시스템 속성] 대화상자의 [시스템 보호] 탭에서 [보호 설정]의 [로컬 디스크 (시스템)]을 선택한 후 [구성] 단추를 클릭합니다. [시스템 보호 대상 로컬 디스크] 대화상자가 나타나면 [시스템 보호 사용]을 선택하고 디스크 사용 공간을 설정한 뒤 [확인] 단추를 클릭합니다.

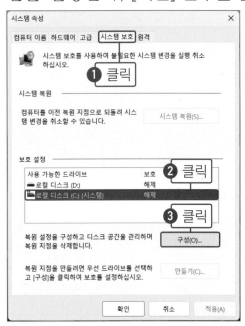 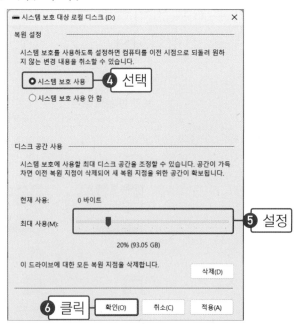

알아두기 로컬 디스크가 1개일 경우 로컬디스크 선택 없이 바로 [구성] 단추를 클릭하면 됩니다.

03 다시 [시스템 속성] 대화상자의 [시스템 보호] 탭에서 [만들기] 단추를 클릭합니다. [복원 지점 만들기] 대화상자에서 복원 지점을 확인할 수 있는 텍스트를 입력하고 [만들기] 단추를 클릭합니다.

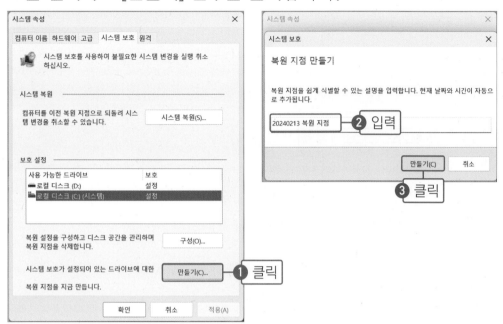

04 복원 지점 만들기가 진행됩니다. 작업이 완료되면 [닫기] 단추를 클릭합니다.

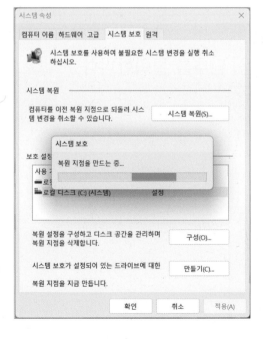 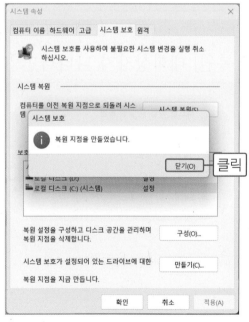

💬 시스템 복원하기

01 [시스템 속성] 대화상자의 [시스템 보호] 탭에서 [시스템 복원] 단추를 클릭합니다.

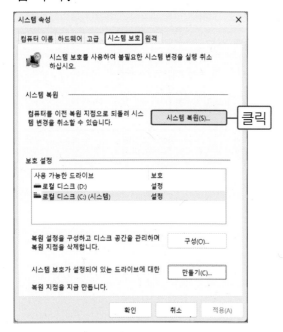

초기화는 컴퓨터를 구입할 당시처럼 프로그램을 모두 삭제하는 것이며, 복원은 특정 시점으로 되돌아가는 것입니다.

02 [시스템 복원] 대화상자가 나타나면 [다음] 단추를 클릭합니다.

03 복원할 지점을 선택하고 [다음] 단추를 클릭합니다.

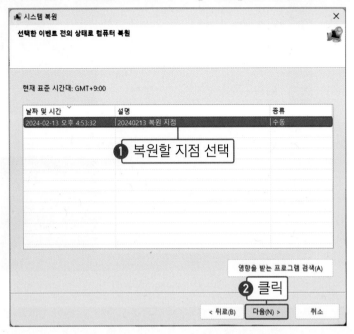

04 [마침] 단추를 클릭하면 [시스템 복원을 일단 시작하면 중단할 수 없습니다. 계속하시겠습니까?] 대화상자가 나타나고 [예] 단추를 클릭합니다.

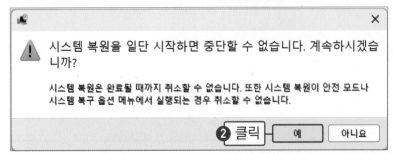

05 시스템 복원을 준비합니다.

06 검은 화면에 시스템 복
원을 위해 초기화하는
화면이 나타납니다.

07 재부팅 후 복원이 완료되었다는 대화상자가 나타나면 [닫기] 단추를 클릭합
니다.

1 [시스템 보호 대상 로컬 디스크] 대화상자에서 [삭제] 단추를 클릭하여 모든 복원 지점을 삭제해 봅니다.

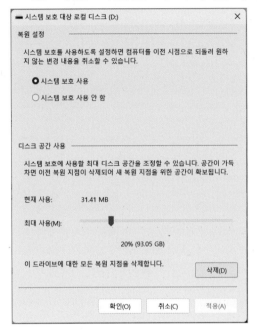

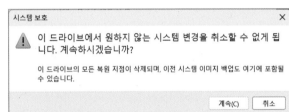

2 [설정] 대화상자의 [Windows 업데이트]에서 [업데이트 기록]을 클릭하여 설치된 업데이트 항목을 확인해 봅니다.

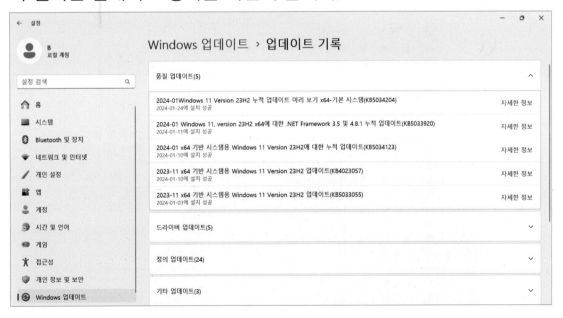

똑·딱·똑·딱 배우는 윈도우 11

초 판 발 행	2024년 07월 15일
발 행 인	박영일
책 임 편 집	이해욱
집 필	IT교재연구팀
편 집 진 행	염병문
표 지 디 자 인	김도연
편 집 디 자 인	김지현
발 행 처	시대인
공 급 처	(주)시대고시기획
출 판 등 록	제 10-1521호
주 소	서울시 마포구 큰우물로 75 [도화동 538 성지 B/D] 9F
전 화	1600-3600
팩 스	02-701-8823
홈 페 이 지	www.sdedu.co.kr

I S B N	979-11-383-7468-2(13000)
정 가	12,000원

시대인은 종합교육그룹 (주)시대고시기획·시대교육의 단행본 브랜드입니다.